# CATALOGUE

## S LIVRES

### DE

## LA BIBLIOTHEQUE

## ROYALE

## DE NANCY.

## A NANCY;

Chez J. JACQUES HÆNER, Imprimeur
Ordinaire du Roi, & de la Société Royale,
sur la Place de la Ville Neuve,
au Nom de JESUS.

M. DCCLVI.

LE ROI DE POLOGNE
L'ayant fondé dans la Capitale de ses Etats une Bibliothéque publique, on a cru ne devoir pas differer d'en mettre le Catalogue au jour. Ceux d'entre ses Sujets qui s'appliquent aux Lettres, ayant interêt de savoir quel est le Tréfor de Littérature déja ramassé pour leur usage, attendent sans doute, qu'on leur montre en détail tout ce qu'ils peuvent y trouver pour les aider dans leurs travaux. On les prie seulement de confiderer, que dans le peu de temps écoulé depuis le premier emploi des Revenus confacrés à un établissement si utile, le nombre des Livres n'a pu être aussi confidérable, qu'il doit l'être néceffairement dans quelques années d'ici. Ce qu'on va voir n'est en

effet qu'une espéce de germe de Biblio-
théque; mais on peut dire avec vérité
des Bibliothéques même les plus fameu-
ses, qu'il en est peu qui n'ayent eu de
bien plus foibles commencemens.

On verra du moins dans le Cata-
logue de celle-ci le soin qu'on a eu de
recueillir dans chaque genre de Sciences
des Ouvrages propres à leurs progrès.
Du moins encore, on y appercevra la
méthode que l'on s'est proposé de suivre
en donnant tous les ans un supplément
des nouveaux Livres, dont on aura
fait l'acquisition.

Il ne nous reste qu'à profiter des graces
d'un Prince uniquement attentif à nos
besoins. Persuadé que l'amour des Let-
tres, si propre à regler les mœurs, est de
tous les moyens le plus capable de contri-
buer à la paix des sociétés, & consé-
quemment au bonheur des hommes : il

cherche à étendre ce goût dans tous les cœurs. C'est dans ce dessein qu'il nous met sous les yeux & dans les mains les Ouvrages immortels de ces heureux génies, qui les premiers ont façonné notre raison. Il veut que nous avertissant de notre dignité, sans nous laisser ignorer notre misere, ces Bienfaiteurs de l'Humanité élevent nos esprits, nous arment contre nos foiblesses, & nous rendent nos erreurs même utiles, comme celles qui leur sont échapées à eux mêmes, ont servi depuis à nous conduire à la vérité.

Au reste, ce Catalogue n'étant destiné qu'aux Gens de Lettres, on n'a point mis tout au long le titre des Livres qu'il contient. C'eut été grossir ce Volume sans nécessité ; un seul mot peut indiquer aux Savans la matiere d'un Ouvrage, & souvent pour

iv

la connoître, il leur suffit du nom de l'Auteur.

On finit en avertissant le Public que la Bibliothéque sera ouverte réglément trois jours de la semaine : savoir, les Lundis, les Mercredis & les Samedis en Eté, depuis deux heures après midi jusqu'à cinq ; & les Mardis, les Jeudis & les Samedis en Hyver, depuis neuf heures du matin jusqu'à midi. Dans cette saison, chacun pourra lire & étudier commodément dans la Salle qui joint à la Bibliothéque. On aura soin d'y faire du feu.

# CATALOGUE DES LIVRES
## DE LA
## BIBLIOTHEQUE ROYALE
# DE NANCY.

## ECRITURE SAINTE.

### I. *BIBLES.*

BIBLIA POLYGLOTTA. 10. *vol. in fol. majori. Le Jay. Paris. Vitré.* 1645.

Biblia Hebraïca interlinearis. 1. *vol. in fol. Montanus. Anvers. Plantin.* 1584.

Biblia Polyglotta. 6. *vol. in fol. Walton. Londres.* 1657.

A

Biblia Hebraïca cum punctis. 4. *vol. in* 12. *Bambergius. Antuerpiæ. Plantin.* 1584.

Vetus Teſtamentum ex verſione. LXX. Interpretum. 1. *vol. in* 4°. *Lambertus Bos. Franequeræ.* 1709.

Biblia Sacra Vulgatæ Editionis. 1. *vol. in* 4°. *Pariſ. ex Typ. Reg.* 1653.

Bibliorum Sacrorum latina verſio vetus Italica. *Sabatier. & D. De la Rue.* 3. *vol. in fol. Remis.* 1743.

La Sainte Bible en françois & en latin , avec des Notes & une Concordance. 4. *vol. in fol. Sacy. Pariſ.* 1717.

Biblia Sacra cum Annotationibus. 2. *vol. in fol. Vatable. Pariſ.* 1729.

Novum Teſtamentum cum Annotationibus Hammomdi. 1. *vol. in fol. Clericus. Amſtelod.* 1699.

Dictionnaire de la Bible. *D. Calmet.* 4. *vol. in fol. Paris.* 1730.

## II. *Interprétes , & Critiques ſacrés.*

Commentaire de l'Ancien & du Nouveau Teſtament. 14. *vol. in fol. D. Calmet. Paris.* 1724.

Diſſertations ou Prolégomenes , de la Bible. 4. *vol. in* 8°. *Dupin. Paris.* 1701.

Critici Sacri. 9. *vol. in fol. Amſtelodami.* 1698.

Bibliotheca Sacra. *le Long.* 2. *vol. in fol.* *Parif.* 1723.

Sacrorum Bibliorum Concordantiæ. 1. *vol. in* 4°. *Lugduni.* 1665.

Harmonia Evangelica. *Clericus.* 1. *vol. in fol. Amftelodami.* 1699.

De ave Selau. *An fit Locufta. Rudbeckius.* 1. *vol. in* 4°. *Upfal.* 1705.

Difcours du Tabernacle & du Camp des Ifraëlites. 1. *vol. in* 4°. *Paris.* 1623.

Catéchifme Evangélique , ou éclairciffe-mens par demandes & par réponfes , pour fa-ciliter l'intelligence de plufieurs textes de l'E-vangile & des Actes des Apôtres. *P. Placide Olivier.* 3. *vol. in* 8°. *Nancy.* 1755.

Traité de la fituation du Paradis terreftre. *Pierre Daniel Huet.* 1. *vol. in* 12. *Paris.* 1691.

## III. *Liturgies.*

Miflale Tullenfe. 2. Exempl. 1. *vol. in fol. Clevi. Toul.* 1750.

Breviarium Tullenfe. 2. Exempl. 4. *vol. in* 4°. *Clevi. Toul.* 1748.

Breviarium Tullenfe. 1. Exempl. 4. *vol. in* 12. 1743.

Sacrorum Elaeochrifmaton Myrothecia. *Scac-chus.* 1. *vol. in fol. Amfterdam.* 1710.

# SAINTS PERES
## GRECS ET LATINS.

SAncti Juſtini Opera. *P. P. Benedict.* 1. vol.
in fol. Pariſ. 1742.

Origenis Opera. *D. La Rüe.* 3. vol. in fol.
Pariſ. 1733.

Sancti Irenæi Opera. *D. Maſſuet.* 1. vol.
in fol. Pariſ. 1710.

Sancti Chryſoſtomi Opera. *D. Monfaucon.*
13. vol. in fol. Pariſ. 1718.

Sancti Baſilii Opera. *D. Garnier.* 3. vol. in
fol. Pariſ. 1721.

Sancti Damaſceni Opera. *Le Quien.* 2. vol.
in fol. Pariſ. 1712.

Tertulliani Opera. *Rigaltius.* 1. vol. in fol.
Pariſ. 1675.

Sancti Cypriani Opera. *Baluzius.* 1. vol. in
fol. Pariſ. Typ. Reg. 1726.

Sancti Cypriani Opera. *Pearſon cum Diſſer-
tationibus. Dodwel.* 1. vol. in fol. Oxfort. 1700.

Cecilii Lactantii Opera. *Lenglet.* 2. vol. in
4°. Pariſ. 1748.

Sancti Ambroſii Opera. *P. P. Bened.* 2. vol.
in fol. Pariſ. 1686.

Sancti Gregorii Papæ Opera. *P. P. Bened.*
4. vol. in fol. Pariſ. 1705.

Sancti Augustini Opera. *P. P. Bened.* 10. *vol. in fol. Parif.* 1689.

Sancti Hieronimi Opera. *Martianay.* 5. *vol. in fol. Parif.* 1693.

Sancti Hilarii Opera. *P. P. Bened.* 1. *vol. in fol. Parif.* 1693.

Sancti Optati Opera. *Dupin.* 1. *vol. in fol. Parif.* 1700.

Sancti Leonis Papæ Opera. *Quefnelius.* 2. *vol. in fol. en un. Lugduni.* 1700.

Sancti Gregorii Turonenfis Opera. *D.Ruinart.* 1. *vol. in fol. Parif.* 1699.

Sancti Bernardi Opera. *Mabillon.* 2. *vol. in fol. Parif.* 1690.

Hildeberti & Marbodi Opera. *D. Beaugendre.* 1. *vol. in fol. Parif.* 1708.

Petri Blefenfis Opera. *Guffanville.* 1. *vol. in fol. Parif.* 1667.

Hincmari Opera. *Sirmond.* 2. *vol. in fol. Parif.* 1645.

Minucii Felicis Octavius cum notis Rigaltii. *Davifius.* 1. *vol. in* 8°. *Cantabrigiæ.* 1707.

Cafimiri Oudini de Scriptoribus Ecclefi Commentarius. 3. *vol. in fol. Lipfiæ.* 1722

Thefaurus Monumentorum Ecclefiafticorun Canifii. *Bafnage.* 6. *vol. in fol. Anvers.* 1725

Bibliothéque des Auteurs Eccléfiaftiques. *Dupin.* 39. *vol. in* 8°. *Paris.* 1718.

# THEOLOGIENS.

## I. *Théologie Dogmatique.*

Theologia Dogmatica & Moralis. *Natal. Alexander.* 2. *vol. in fol. Parif.* 1703.

Inſtitutiones Catholicæ in modum Catecheſeos. *Pouget.* 2. *vol. in fol. Parif.* 1725.

Religion Chrétienne prouvée par les faits. *Houtteville.* 4. *vol. in* 12. *Paris.* 1749.

Traité des principes de la Foi Chrétienne. *Duguet.* 3. *vol. in* 12 *Paris.* 1737.

Traité de la Doctrine Chrétienne & Orthodoxe. *Dupin.* 1. *vol. in* 8°. *Paris.* 1730.

Oeuvres de Boſſuet. 20. *vol. in* 4°. *Paris.* 1748. les trois derniers de 1753.

Opera omnia Theologica. *Vavaſſor. Amſtelodami.* 1. *vol. in fol.* 1709.

Diſſertations ſur les matieres de Religion. *Tilladet.* 2. *vol. in* 12. *Paris.* 1712.

Inſtruction ſur le Jubilé de l'année ſainte. 1750. 1. *vol. in* 12. *Nancy.* 1750.

Theſes Theologicæ. 1. *vol. in* 4°. *Beſançon.* 1745.

Ton Eccleſion Didaſcalia. 1. *vol. in* 4°. *Leyde. Elzevir.* 1615.

L'Eſprit de Jeſus-Chriſt & de l'Egliſe ſur

la fréquente Communion. *P. Pichon.* 1. *vol. in* 12. *Paris.* 1745.

Réfutation du Celse moderne, ou Objections contre le Chriftianifme avec des réponfes. 1. *vol. in* 12. *Lunéville.* 1752.

Traité de la Nature & de la Grace. *Malbranche.* 1. *vol. in* 12. *Rotterdam.* 1712.

Traité de l'amour de Dieu. *Malbranche.* 1. *vol. in* 12. *Lyon.* 1707.

Réflexions fur la Prémotion phyfique. *Malbranche.* 1. *vol. in* 12. *Paris.* 1715.

Hiftoire Dogmatique du jeûne. *D. De l'Ifle.* 1. *vol. in* 12. *Paris.* 1741.

Lettres *nè repugnate.* 1. *vol. in* 8°. *Londres.* 1750.

Hugonis Grotii Opera Theologica. 4. *vol. in fol. Bafilea.* 1732.

## I I. *Théologiens Moraux & Myftiques.*

Sermons de Bourdaloüe. 12. *vol. in* 12. *Paris.* 1708.

Sermons de Maffillon avec fes conférences. 10. *vol. in* 12. *Paris.* 1745.

Oeuvres fpirituelles de M. de Fenelon, Archevêque de Cambray. 5. *vol. in* 12. *Amfterdam.* 1723.

Les Confeffions de faint Auguftin. *Arnaud*

*Dandilly.* 1. *vol. in* 12. *Paris.* 1740.

Les Confeſſions du même. *Dubois de l'A-ċad. Françoiſe.* 1. *vol. in* 12. *Paris.* 1730.

Le Chrétien ſelon le cœur de Dieu , ou Neuvaine. *Waldner.* 1. *vol. in* 12. *Nancy.* 1751.

Eſſai ſur les bontés de Dieu. *Leibnitz.* 2. *vol. in* 12. *Amſterdam.* 1747.

Direction pour la conſcience d'un Roi. *Fenelon.* 1. *vol. in* 12. *La Haye.* 1747.

Exercices de l'ame pour ſe diſpoſer aux Sacremens de Pénitence & d'Euchariſtie. *L'Abbé Clement.* 1. *vol. in* 12. *Paris.* 1751.

Maximes pour ſe conduire chrétiennement dans le monde. *L'Abbé Clement.* 1. *vol. in* 12. *Paris.* 1753.

Recueil de quatre Sermons du même. 1. *vol. in* 12. *Paris.* 1741.

Recueil de deux Sermons, l'un ſur la Conſécration de l'Egliſe ſaint Sulpice , & l'autre ſur la Politique, par le même. 1. *vol. in* 12. *Paris.* 1746.

Elévations de l'Ame à Dieu , par le même. 1. *vol. in* 16. *Paris.* 1755.

Entretiens de l'Ame avec Dieu , par le même. 1. *vol. in* 16. *Paris.* 1752.

Pratique de dévotion en l'honneur de S. Jean-Nepomucéne , *par le même.* 1. *vol. in* 16. *Paris.* 1744.

Lettres ſur les Ouvrages & Oeuvres de piété.

*Joannet.* 3. *vol. in* 12. *Paris.* 1754.

Traité de Morale. *Malbranche.* 2. *vol. in* 12. *Lyon.* 1707.

Méditations Chrétiennes. *Malbranche.* 1. *vol. in* 12. *Lyon.* 1707.

Dictionnaire des Cas de conscience. *Pontas.* 3. *vol. in fol. Paris.* 1740.

Dictionnaire des Cas de conscience. *Lamet & Fromageau.* 2. *vol. in fol. Paris.* 1740.

Traité de la Charité envers le Prochain & de ses vrais caractères, tiré des Livres saints, &c. par *M. Claude Pelletier, Chanoine de l'Eglise de Reims.* 1. *vol. in* 12. *Paris.* 1729.

Méditations & Sentimens sur la sainte Communion, &c. par *le Pere Avrillon, Religieux Minime.* 1 *vol. in* 12. *Paris.* 1732.

Sacrifice perpétuel de Foi & d'Amour au Très saint Sacrement, &c. par *M. Simon Gourdan, Chanoine Régulier de l'Abbaye de S. Victor.* 1. *vol. in* 12. *Paris.* 1742.

## III. *Théologiens Polémiques,*

### *ou*

### *Traités pour la défense de la Religion Chrétienne & Catholique.*

PEtri Danielis Huetii Demonstratio Evangelica. 1. *vol. in fol. Parif.* 1690.

Traité de la vérité de la Religion Chré

tienne, par *Jacques Abbadie*. 3. *vol. in* 1-. *La Haye.* 1741.

Joannis Launoii Opera omnia. 10. *vol. in fol. Coloniæ Allobrogum.* 1731.

# IV. *Théologiens Hétérodoxes, ou Traités contenans des erreurs singulieres.*

Præadamitæ. *Isaac La Peyrere.* **1.** *vol. in* 4°. 1655.

Telliamed, ou Entretiens d'un Philosophe Indien avec un Missionnaire François, &c. *Maillet.* 2. *vol. in* 8°. en un. *Amsterdam.* 1748.

Discours sur la liberté de penser & de raisonner sur les matieres les plus importantes, traduit de l'Anglois, deuxiéme Edition. 1. *vol. in* 12. *Londres.* 1717.

Religio Medici cum Annotationibus *Thomas Browne.* 1. *vol. in* 12°. *Argentorati.* 1677.

Bibliothèque des Hérétiques. *Dupin.* 2. *vol. in* 8°. *Paris.* 1718.

ſ ſHistoire de l'Inquisition & son origine. 1. *vol. in* 12. *Cologne.* 1693.

Histoire des Albigeois & des Vaudois, ou Barbets, avec une Carte géographique des Valées, par le P. Benoit de l'Ordre de saint Dominique. 2. *vol. in* 12. *Paris.* 1691.

# JURISPRUDENCE.

## CONCILES.

ACTA Conciliorum. *Harduin.* 12. *vol. in fol. Parif. Typ. Reg.* 1715. Nova collectio Conciliorum. *Baluze.* 1. *vol. in fol. Parif.* 1707.

Histoire du Concile de Pise. *Lenfant.* 2. *vol. in* 4°. *Amsterdam.* 1724.

Histoire du Concile de Constance. *Lenfant.* 2. *vol. in* 4°. *Amsterdam.* 1727.

Histoire du Concile de Basle. *Lenfant.* 2. *vol. in* 4°. *Amsterdam.* 1731.

Histoire du Concile de Trente. 2. *vol. in* 4°. *Fra Paolo. Le Courayer. Basle.* 1738.

Synodus Jerosolymitana adversùs Calvinistas. *Monfaucon.* 1. *vol. in* 8°. *Parif.* 1678.

Magnum Oecumenicum Constantiense Concilium. *Hermann.* 6. *vol. in fol.* reliés en trois. *Lipsiæ.* 1700.

Catéchisme du Concile de Trente. trad. nouvelle, quatriéme Edit. 1. *vol. in* 12. *Paris.* 1698.

# DROIT CANONIQUE.

Magnum Bullarium. *Cherubinus.* 15. *vol. in fol. Luxembourg.* 1742.

La Pratique de la Jurifdiction Eccléfiaftique, volontaire, gracieufe & contentieufe, fondée fur le Droit commun, & fur le Droit particulier du Royaume. *Ducaffe, Docteur en Théologie.* 1. *vol. in* 4°. *Touloufe.* 1718.

Traité de la Puiffance Eccléfiaftique & Temporelle. 1. *vol. in* 8°. 1724.

Vetus & nova Eccefiæ Difciplina circà Beneficia & Beneficiarios. *Thomaffin.* 3. *vol. in fol. Parif.* 1688.

Difciplina Apoftolico-monaftica. *Dan. Concinna.* 1. *vol. in* 4°. *Venetiis.* 1739.

Inftruction trés facile & néceffaire pour obtenir en Cour de Rome toutes fortes d'expéditions, &c. *Le Pelletier.* 1. *vol. in* 12. *Paris.* 1686.

## Droit Eccléfiaftique de France.

Traité des Droits & Libertés de l'Eglife Gallicane. *Pithou.* 2. *vol. in fol.* 1731.

Preuves des Libertés de l'Eglife Gallicane, 2. *vol. in fol.* en un. *Paris.* 1751.

Commentaire fur le Traité des Libertés de l'Eglife Gallicane. *Dupuy.* 2. *vol. in* 4°. *Paris.* 1715.

Hiftoire du Droit Eccléfiaftique François. 2. *vol. in* 12. *Londres.* 1740.

De concordantia Sacerdotii & Imperii, feu de Libertatibus Ecclefiæ Gallicanæ. *Marca.* 1. *vol. in fol. Parif.* 1704.

Traité des Annates. 1. *vol. in* 12. *Amf- terdam.* 1718.

Défenfe de l'Eglife de Toul , &c. contre les entreprifes du Chapitre de Saint Diey & des Abbés de la Vôge. 1. *vol. in* 4°. *Toul.* 1727.

---

# DROIT CIVIL.

## I. *Droit de la Nature & des Gens.*

DRoit de la Guerre & de la Paix. *Grotius.* 2. *vol. in* 4°. *Bafle.* 1746.

Droit de la Nature & des Gens. *Puffen- dorff.* 2. *vol. in* 4°. *Basle.* 1732.

Traité Philofophique des Loix naturelles. *Cumberland.* 1. *vol. in* 4°. *Amfterdam.* 1744.

Efprit des Loix. *Montefquieu.* 2. *vol. in* 4°. *Geneve.*

Idée d'une République heureufe, ou l'Utopie de Thomas Morus. 1. *vol. in* 12. *Amſterdam.* 1730.

Auctores Finium Regundorum, cum obſervationibus Rigaltii. 1. *vol in* 4°. *Pariſ.* 1614.

## II. *Droit Civil Grec & Romain.*

Baſilicon libri lx. Gr. & Lat. ex interpret. Car. Annib. Fabroti. 7. *vol in fol. Pariſ.* 1647.

Jus Publicum Imperii Romano-Germanici. *Limnæus.* 5. *vol. in* 4°. *Argentorati.* 1657.

Pacis compoſitio inter Principes & Ordines Imperii Romani. 1. *vol. in* 4°. *Dilingæ.*

## III. *Droit Etranger.*

Mémoires pour ſervir à l'Hiſtoire & au Droit public de Pologne , &c. *traduit du latin de Lengniſch , par Mr. Formey.* 1. *vol. in* 12°. *La Haye.* 1741.

La Voix libre du Citoyen. 1. *vol. in* 12. 1749.

Gloſ Wolny Wolnoſc Ubeſpiezaiacy. 1. *vol. in* 4°. 1733.

Diſſertatio Juris Publici Prutenici, de unionis quâ Poloniæ jungitur Pruſſia indole, &c. *Gedani* 1727. Voy. *ſo. Demetr. Sulikovii , &c. Comment. Rer. Polonicarum.*

IV.

## IV. *Jurisconsultes.*

Vie des plus célébres Jurisconsultes. 1. *vol. in* 4°. *Paris.* 1721.

---

# SCIENCES ET ARTS.

## PHILOSOPHIE.

### I. *Philosophes anciens & nouveaux.*

Histoire critique de la Philosophie, où l'on traite de son origine, de ses progrès, & des diverses révolutions qui lui sont arrivées jusqu'à notre tems. *Deslandes.* 3. *vol. in* 12. *Londres.* 1742.

Aristotelis Opera Gr. & Lat. ex interpretatione If. Casauboni & aliorum, ex edit. *Guill. Duval.* 2. *vol. in fol. Parif. Typ. Reg.* 1619.

Platonis Opera. 2. *vol. in fol. Parif. Henri Etienne.* 1578.

Annæi Senecæ Opera. *Lipfii.* 1. *vol. in fol. Antuerpiæ. Plantin.* 1652.

Annæi Senecæ Opera. 3. *vol. in* 8°. *Amsterdam. Elzevir.* 1672.

Opuscula Mythologica, Ethica, Physica, Gr. & Lat. 1. *vol. in* 8°. *Cantabrig.* 1671.

B

Apuleii Opera ad ufum Delphini. 1. *vol.* in 4°. *Parif.* 1688.

Boëtius de confolatione Philofophiæ. 1. *vol.* in 8°. *Leyde.* 1671.

Maximi Tyrii Differtationes. *Davifius.* 1. *vol. in* 4°. *Londres.* 1740.

Libanii Sophiftæ Epiftolæ Gr. & Lat. *Wolfius.* 1. *vol. in fol. Amfterdam.* 1738.

Oeuvres de Mariote. 2. *vol. in* 4°. *La Haye.* 1740.

Traité des Siftêmes. *Condillac.* 2. *vol. in* 12. *La Haye.* 1749.

Siftême de Philofophie. *Regis.* 3. *vol. in* 4° *Paris.* 1690.

Hugenii Opera varia. 3. *vol. in* 4°. *Amfte lodami.* 1728.

Analyfe de la Philofophie du Chancelie François. *Bacon.* 3. *vol. in* 12. *Paris.* 1755.

## II. *Logique.*

La Logique, ou l'Art de penfer. *Arnau* 1. *vol. in* 12. *Utrech.* 1741.

Medicina mentis, feu Tentamen Logicæ 1. *vol. in* 4°. *Amfterdam.* 1687.

## III. *Morale & Politique.*

Inftitution d'un Prince. *Duguet.* 1. *vol. in* 4 *Londres.* 1743.

Réflexions morales de l'Empereur Marc-Antonin, *trad. du Grec, avec des remarques,* &c. Dacier. 2. *vol. in* 12. en un. *Amſterdam.* 1732.

Oeuvres de Mad^e. la Marquiſe de Lambert. 1. *vol. in* 12. *Lauſanne.* 1748.

L'Homme Univerſel, traduit de l'Eſpagnol de Baltazar Gracien. 1. *vol. in* 12. *Paris.* 1723.

Dictionnaire Philoſophique, ou Introduction à la connoiſſance de l'Homme. 1. *vol. in* 12. *Londres.* 1751.

Les Hommes, par *l'Abbé de Varenne.* 2. *vol. in* 12. *Paris.* 1737.

Les Principes de la Morale & du Goût, *traduits de l'Anglois de Pope,* par *M. Du Reſnel.* 1. *vol. in* 8°. *Paris.* 1737.

Conſeils de l'Amitié. 1. *vol. in* 12. *Lyon.* 1747.

Réponſe d'Ariſte aux Conſeils de l'Amitié. 1. *vol. in* 12. 1750.

L'Amitié après la mort, *Mad. Rowe. trad. de l'Anglois.* 5^e. Edition. 2. *vol. in* 12. *Amſterdam.* 1740.

L'Art de ſe connoître ſoi-même. *Abadie.* 1. *vol. in* 12. *La Haye.* 1743.

Caracteres Theophraſti Gr. & Lat. *Caſaubon.* 1. *vol. in* 12. *Lyon.* 1599.

Les Caracteres de Théophraſte. *La Bruyere.* 3. *vol. in* 12. *Amſterdam.* 1720.

Andronici Rhodii Ethicorum Nichomacheo-

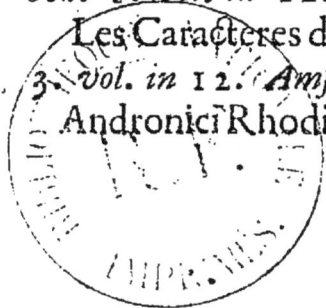

rum Paraphrasis cum interpretatione Dan. Hen-
sii. 1. *vol. in* 8°. *Leyde.* 1617.

Essai sur le Beau. *Le P. André, Jesuite.* 1.
*vol. in* 12. *Paris.* 1741.

L'Ecole du Monde. *Le Noble.* 4. *vol. in* 16.
*Amsterdam.* 1709.

Parallele du Cœur, de l'Esprit, & du bon
Sens. *Pecquet.* 1. *vol. in* 12. *Paris.* 1740.

Pensées diverses sur l'Homme. *Pecquet.* 1.
*vol. in* 12. *Paris.* 1738.

Discours sur l'emploi du Loisir. *Pecquet.* 1.
*vol. in* 12. *Paris.* 1739.

L'Esprit du Siécle. 1. *vol. in* 12. *Amsterdam.*
1746.

Réflexions, Sentences & Maximes morales,
mises en nouvel ordre, avec des notes poli-
tiques & historiques, par *Amelot de la Hous-
saye.* 1. *vol. in* 12. *Paris.* 1714.

Essai sur les Mœurs. *Soret.* 1. *vol. in* 12. *Bru-
xelles.* 1756.

Pensées diverses & Réflexions philosophi-
ques propres à former l'esprit & le cœur. 1.
*vol. in* 12. *Paris.* 1755.

Réflexions sur divers sujets de Morale. 1. *vol.
in* 8°. 1750.

Examen du Prince de Machiavel, avec des
notes historiques & politiques. 1. *vol. in* 8°. *La
Haye.* 1741.

Le Prince de Machiavel. 1. *vol. in* 12. 1613.

Discours de l'état de Paix & de Guerre.
*Machiavel.* 1. *vol. in* 12. *Paris.* 1614.

L'Homme de Cour de Baltazar Gracian. 1. *vol. in* 12. *Ausbourg.* 1710.

Essai politique sur le Commerce. Nouvelle Edition. 1. *vol. in* 1 2. 1736.

Réflexions politiques sur les Finances & le Commerce. 2. *vol. in* 12. *La Haye.* 1740.

Lettres sur l'esprit de Patriotisme. *trad. de l'Anglois.* 1. *vol. in* 8°. *Londres.* 1750.

Recueil historique d'Actes, Négociations, Mémoires & Traités depuis la paix d'Utrech, par *Rousset.* 7. *vol. in* 12. *La Haye.* 1728. *& seqq.*

Discours sur l'art de négocier. *Pecquet.* 1. *vol. in* 12. *Paris.* 1737.

Essai philosophique sur le Gouvernement civil, selon les principes de M. de Fenelon, 1. *vol. in* 12. *Londres.* 1721.

Discours historiques, politiques & critiques sur Tacite. *Gordon.* 2. *vol. in* 12. *Amsterdam.* 1742.

Considérations sur le Commerce & la Navigation de la Grande Bretagne. *Gée.* 1. *vol. in* 12. *Genève.* 1740.

Actes de cession, & Prise de possession du Duché de Lorraine. 1. *vol. in* 4°. *Nancy.* 1737.

Traité de paix entre le Roi, l'Empereur & l'Empire, conclu à Vienne le 18. Novembre 1738. *Paris. Imp. Roy.* 1739.

Projet d'une Dixme Royale. *Vauban.* 1. *vol. in* 12. 1707.

Remarques fur les avantages & les defavan-
tages de la France & de la Grande Bretagne
par rapport au commerce & aux autres four-
ces de la puiffance des Etats. *Dangeul.* 1. *vol.*
*in* 12. 1754.

Hiftoire & Commerce des Colonies An-
gloifes dans l'Amerique feptentrionale. 1. *vol.*
*in* 12. *Londres.* 1755.

Entretien d'un Européan avec un Infulaire
du Royaume de Dumocala. Nouvelle Edit. à
laquelle on a joint les extraits & les jugeméns
qui ont paru dans quelques Journaux. 1. *vol.*
*in* 16. 1754.

Intérêts & Maximes des Princes & Etats
fouverains, par Henri, Duc de Rohan. 2. *vol.*
*in* 12. en un. *Cologne.* 1666.

L'Atlantis de Mad^e. Manley, contenant les
intrigues politiques & amoureufes de la No-
bleffe d'Angleterre, & où l'on découvre le fe-
cret de la derniére révolution. 2^e. Edit. 3. *vol.*
*in* 12. *Londres.* 1714.

Lettres du Chevalier Guillaume Temple &
autres Miniftres d'Etat, tant en Angleterre que
dans les Pays étrangers, contenant une rela-
tion de ce qui s'eft paffé de plus confidérable
dans la Chrétienté depuis l'année 1665. juf-
qu'à celle de 1672, &c. publiées par *Jonathan*
*Swift, &c. traduites de l'Anglois.* 2. *vol. in* 12.
*La Haye.* 1700.

Mémoires de Belliévre & de Sillery, conte-

dans un Journal concernant la négociation de la paix traitée à Vervins l'an 1598. entre Henri IV. Roi de France, Philippe II. Roi d'Espagne, &c. 1. *vol. in* 12. *La Haye.* 1696.

Lettres de Filtz-Moritz sur les Affaires du tems, & principalement sur celles d'Espagne sous Philippe V. Et les intrigues de la Princesse des Ursins, *trad. de l'Anglois*, par *M. De Garnesai*, 2ᵉ. Edit. *augmentée d'une reponse à ces Lettres.* 1. *vol. in* 12. *Amsterdam.* 1718.

Essai sur la différence du nombre des hommes dans les tems anciens & modernes, *trad. de l'Anglois de M. R. Wallace*, *&c.* par *M. de Joncourt.* 2. *vol. in* 12. *Londres.* 1754.

Dictionnaire de Commerce. *Savary.* 3. *vol. in fol. Paris.* 1748.

Traité de la Police. *La Mare* 4. *vol. in fol. Amsterdam.* 1729.

Dictionnaire Economique. *Marret.* 2. *vol. in fol. Commercy.* 1741.

Histoire des Secretaires d'Etat. *Fauvelet Du Toc.* 1. *vol. in* 4°. *Paris.* 1668.

# IV. *Metaphysique.*

Entretiens sur la Metaphysique &c. *Malbranche* 2. *in* 12. *Paris* 1711.

Recherche de la vérité. *Malbranche.* 4. *vol. in* 12. *Paris.* 1712.

Lettres à M. Arnaud. *Malbranche* 4. *vol. in* 12. *Paris.* 1709.

Entretien d'un Philosophe Chrétien & Chinois. *Malbranche.* 1. *vol. in* 12. *Paris.* 1708.

Essai philosophique sur l'Entendement humain. *Locke.* 1. *vol. in* 4°. *Amsterdam.* 1729.

Examen du Pyrrhonisme ancien & moderne. *Crouzas.* 1. *vol. in fol. La Haye.* 1733.

Psychologie, ou Traité de l'Ame. *Alaire.* 1. *vol. in* 12. *Amsterdam.* 1745.

Immatérialité de l'Ame demontrée contre Locke. 2. *vol. in* 4°. *Turin.* 1747.

Le monde enchanté, ou Examen des sentimens communs touchant les esprits, leur nature, leur pouvoir & leurs opérations. *trad. du Hollandois de Baltazar Bekker.* 4. *vol. in* 12. *Amsterdam.* 1694.

# V. *Physique.*

Cours de Physique. *Hartsocker.* 1. *vol. in* 4°. *La Haye* 1730.

Physica Rohaultii. *Clarke.* 1. *vol. in* 8°. *Londini.* 1718.

Essais de Physique. *Musschenbroek.* 2. *vol. in* 4°. *Leyde.* 1739.

Voyage de l'Equateur. *La Condamine.* 1. *vol. in* 4°. *Paris. Impr. Roy.* 1751.

Figure de la Terre, déterminée par les observations de M[rs]. *Bouguer & de La Condamine.* 1. *vol. in* 4°. *Paris.* 1749.

Physique expérimentale. *Sgravesand. Joncourt.* 2. *vol in* 4°. *Leyde.* 1746.

La Statique des Vegetaux & l'Analyse de l'Air. *Hales*. 1. *vol. in* 4°. *Paris*. 1735.

Defcription du Ventilateur. *Hales*. 1. *vol. in* 12. *Paris* 1744.

Journal d'obfervations Phyfiques, Mathématiques & Botaniques. *Feüillée*. 3. *vol. in* 4°. *Paris*. 1714.

Traité des Sens. *Le Cat*. 1. *vol. in* 8°. *Amfterdam*. 1744.

Phyfiologia nova experimentalis. *Stair*. 1. *vol. in* 4°. *Leyde*. 1686.

Planches de Phyfique 1. *vol in*. 4°.

Differtation fur l'utilité de la Soye des Araignées, par *M. Bon*. 1. *vol. in* 12. *Avignon*. 1748.

La Phyfique occulte, ou Traité de la Baguette Divinatoire, &c. *Valmont*. 1. *vol. in* 12. *Paris*. 1696.

Recueil de differens Traités de Phyfique & d'Hiftoire naturelle, &c. *Deflandes*. 3. *vol. in* 12. *Paris*. 1750.

Mémoires de l'Académie des Sciences depuis 1699. jufqu'à 1751. inclufivement. 73. *vol. in* 4°.

Hiftoire des anciennes révolutions du Globe Terreftre avec une relation chronologique & hiftorique des tremblemens de terre, &c. 1. *vol. in* 12. *Amfterdam & Paris*. 1752.

Differtation fur la glace, ou explication phyfique de la formation de la glace & de fes divers Phénoménes. *Dortous de Mairan.* 1. *vol. in* 12. *Paris, Impr. Roy.* 1749.

Inſtitutions Neutonniennes. *Sigorgne.* 1. *vol. Paris.* 1747.

Le nouveau Siſtême du monde conforme à l'Ecriture. *Le Clerc.* 1. *vol. in* 8°. *Paris.* 1606.

Traité de l'équilibre & du mouvement des Fluides. *Dalembert.* 1. *vol. in* 4°. *Paris.* 1744.

Traité de Dynamique. *Dalembert.* 1. *vol. in* 4°. *Paris.* 1743.

Siſtême du Mouvement. *Gamaches.* 1. *vol. in* 12. *Paris.* 1721.

Supplément au Journal hiſtorique du voyage à l'Equateur & au livre de la meſure des trois premiers dégrés du Méridien, ſervant de réponſe à quelques objections, par *M. De la Condamine. Paris.* 1752. Voy. *Recueil.* tom. 2.

# HISTOIRE NATURELLE.

C Aii Plinii ſecundi Hiſtoria Naturalis. *Harduin.* 3. *vol. in fol. Pariſ.* 1723.

Caii Plinii ſecundi Hiſtoriæ Mundi. 1. *vol. in fol. Baſileæ. Froben.* 1754.

Le Spectacle de la Nature, ou Entretiens ſur les particularités de l'Hiſtoire Naturelle. *Pluche.* nouvelle Edit. 7. *vol. in* 12. *Paris.* 1745.

Hiſtoire du Ciel, où l'on recherche l'or.

gine de l'Idolâtrie & les méprises de la Philo-
sophie sur la formation des Corps célestes &
de toute la nature. *Pluche.* Troisiéme Edit. 2.
*vol. in* 12. *Paris.* 1742.

Suite du Spectacle de la Nature, contenant
ce qui regarde l'homme en société avec Dieu,
*Pluche.* 2. *vol. in* 12. *Paris.* 1750.

Mémoires pour servir à l'Histoire des insec-
tes. *Reaumur.* 6. *vol. in* 4°. *Paris. Imp. Roy.*
1734.

Historia Piscium. *Villughbeii.* 1. *vol. in fol.*
*Oxonii.* 1686.

Histoire Naturelle de la Lithologie & Con-
chiologie. 1. *vol. in* 4°. *Paris.* 1742.

Histoire Naturelle. *Buffon.* 4. *vol. in* 4°. *Pa-*
*ris. Imp. Roy.* 1750.

Physica Subterranea , *Joach. Beccheri.* 1.
*vol. in* 12. *Lipsiæ* 1703.

Biblia Naturæ , Seu Historia insectorum.
*Swammerdam.* 2. *vol. in fol.* *Leyde.* 1737.

Thesaurus Cochlearum. *Rumphius.* 1. *vol.*
*in fol. Leyde.* 1711.

Historia Moschi. *Schrockius.* 1. *vol. in* 4°.
*Ausbourg.* 1682.

Metamorphoses Naturelles , ou Histoire des
insectes. *Goëdart.* 3. *vol. in* 12. *La Haye.*
1700.

Catalogue raisonné du Cabinet de Mr.
Quentin. *Gersaint.* 1. *vol. in* 12. *Paris.* 1744.

Theatrum universale Animalium. *Ruysc!.*
2. *vol. in fol. Amsterdam.* 1718.

Æliani de naturâ Animalium. *Gronovius.* 2. *vol. in* 4°. *Londres.* 1744.

Obſervationes novæ de Unicornu. *Bartholin.* 1. *vol. in* 12. *Amſterdam.* 1678.

Itinera per Helvetiæ Alpinas Regiones. *Scheuchzerus.* 2. *vol. in* 4°. *Lipſiæ.* 1723.

Art de faire éclore des animaux domeſtiques. *Réaumur.* 2. *vol. in* 12. *Paris. Impr. Roy.* 1749.

Obſervations de Phyſique & d'Hiſtoire naturelle. *Secondat.* 1. *vol.* 12. *Paris.* 1750.

Enumerationis Foſſilium Tentamina. *Dargenville.* 1. *vol. in* 12. *Pariſ.* 1751.

Traité de la Culture des Terres, ſuivant les principes de M. Tull, Anglois, par *M. du Hamel du Monceau, &c.* 3. *vol. in* 12. *Paris.* 1753.

La Statique des animaux. *Hales.* 1. *vol. in* 4°. *Genéve.* 1744.

Traité de l'Art Métallique. 1. *vol. in* 12. *Paris.* 1730.

De la fonte des Mines, des Fonderies, &c. *traduit de l'Allemand de Schultter, augmenté par Hellot.* 2. *vol. in* 4°. *Paris.* 1750.

Metallurgie, ou l'Art de tirer & de purifier les Métaux, &c. avec les Diſſertations les plus rares ſur les mines & les Opérations Métalliques. 2. *vol. in* 12. *Paris.* 1751.

Lettres ſur la Minéralogie & la Metallurgie, pratiques, *trad. de l'Anglois de M. Diedérich-Weſſel-Linden.* 1. *vol. in* 12. *Paris.* 1752.

27

Diſſertation ſur la ductilité des Métaux
& les moyens de l'augmenter, qui a remporté
le prix au Jugement de l'Académie Royale des
belles Lettres, Sciences & Arts de Bordeaux,
par *Mr. Tillet de Bordeaux*, *Directeur de la
Monnoye de Troyes*. À *Bordeaux*. 1750.
Voyez *Recueil* tom. 2.

Expériences & Obſervations ſur l'Electricité
faites à Philadelphie en Amérique, par *M.
Benjamin Franklin*, &c. *traduites de l'Anglois*.
1. *vol. in* 12. *Paris*. 1752.

Expériences Phiſico-méchaniques ſur dif-
férens ſujets, & principalement ſur la lumiere
& l'électricité produites par le frottement des
corps, *traduites de l'Anglois* de *M. Hauksbée*,
par feu *Mr. de Bremond*, de l'Académie Royale
des Sciences, revuës & miſes au jour avec un
Diſcours préliminaire, des Remarques & des
Notes par *Mr. Deſmareſt*, avec des Figures
en taille-douce. 2. *vol. in* 12. *Paris*. 1754.

Journaux Economiques depuis leur com-
mencement en l'an 1751. juſqu'en 1755. in-
cluſivement. 24. *vol. in* 12.

## Botanique.

Hiſtoria Plantarum univerſalis. *Bauhin*. 3.
*vol. in fol. Ebroduni*. 1640.

Plantarum Umbelliferarum diſtributio no-
va. *Moriſon*. 2. *vol. in fol. Oxonii*. 1672.

Hiftoria Plantarum. *Raiius.* 3. *vol. in fol.* *Londres.* 1686.

Plantæ Galliæ, Hifpaniæ, Italiæ. *Barrelierus.* 1. *vol. in fol.* *Parif.* 1714.

Theatrum Botanicum. *Bauhini.* 1. *vol. in* 4°. *Bafileæ.* 1671.

Bibliotheca Botanica. *Seguier.* 1. *vol. in* 4°. *Montalban. La Haye.* 1740.

Inftitutiones Rei Herbariæ. *Tournefort.* 3. *vol. in* 4°. *Juffieu. Parif. Typ. Reg.* 1719.

Commentarii in Diofcoridem. *Mathioli.* 1. *vol. in fol. Venetiis.* 1558.

Tabacologia. *Bremand.* 1. *vol. in* 4° *Leyde. Elzevir.* 1626.

De Vegetabilibus Plantis. *Rolfincius.* 1. *vol. in* 4°. *Jenæ.* 1670.

Dictionnaire Botanique des Pauvres. 1. *vol. in* 8°. *Paris.* 1738.

Hiftoire des Plantes des environs de Paris. *Tournefort.* 2. *vol. in* 12. *Paris.* 1725.

Sacra Herba , feu Nobilis Salvia. *Paullin.* 1. *vol. in* 12. *Ausbourg.* 1688.

Traité des Fougeres de l'Amerique. *Plumier.* 1. *vol. in fol. Paris. Impr. Roy.* 1705.

Horti Academici Leydenfis Catalogus. *Hermann.* 1. *vol. in* 8°. *Leyde.* 1687.

Hiftoria Plantarum Gr. Lat. Theophrafti Erefii cum Scaligeri animadverfionibus. 1. *vol. in fol. Amftelodami.* 1644.

Liber de Venenis *Joan. Lindelftolpe.* 1. *vol. in* 12. *Lipfiæ.* 1739.

Nouvelles Obſervations phyſiqúes & práctiques ſur le Jardinage & l'Art de planter. *trad. de l'Anglois de Bradley*, enrichies de Figures en Taille-douce. 3. *vol. in* 12. *Paris.* 1756.

# MEDECINE.

## I. *Traités généraux & particuliers de Médecine.*

HYpocratis Opera omnia. Gr. Lat. 2. *vol. in* 8°. *Leyde.* 1665.

Opera Medica Etmuileri. 3. *vol. in fol. Francofurti.* 1708.

Bibliotheca Pharmaceutico - Medica. *Mangeti.* 2. *vol. in fol. Geneva.* 1703.

Hiſtoire de la Médecine. *Leclerc.* 1. *vol. in* 4°. *La Haye.* 1729.

Inſtitutions de Médecine. *Boerhave.* deuxié-me Edit. avec un Commentaire de *M. de la Mettrie.* 6. *vol. in* 12. *Paris.* 1743.

Obſervations de Médecine de la Société d'Edimbourg. *Demours.* 7. *vol. in* 12. *Paris.* 1740.

Opuſcula Medica. *Vanhelmont.* 1. *vol. in* 4°. *Francofurti.* 1707.

Opera omnia *Van Helmont.* 1. *vol. in* 4. *Francofurti.* 1707.

Diſſertatio de Arthritide. *Rhyne.* 1. *vol. in* 8°. *Londres.* 1683.

De Nivis ufu medico. *Bartholin.* 1. *vol. in* 12. *Hafniæ.* 1661.

Obfervations fur différentes efpéces de Fiévre. *Charles.* 1. *vol. in* 12. *Befançon.* 1743.

L'Art de conferver la fanté des Perfonnes valetudinaires , &c. *traduit du Latin de M. Cheyne.* 1. *vol. in* 12. *Paris.* 1755.

Recueil de Mémoires pour & contre les Médecins & les Chirurgiens. 1. *vol. in* 4°.

Effai fur la probabilité de la durée de la vie de l'Homme. *Deparcieux.* 1. *vol. in* 4°. *Paris.* 1746.

Lettres d'un Médecin du Roi. *La Mettrie.* 1. *vol. in* 4°. *Namur.* 1710.

Apicii Cœlii de Re coquinariâ *cum annotationibus. Lifter.* 1. *vol. in* 8°. *Amfterdam.* 1709.

De Plinii & aliorum Medicorum erroribus. *Leonicenus.* 1. *vol. in* 4°. *Basle.* 1529.

## II. *Chirurgie. Anatomie.*

Piéces concernant l'operation de la Taille. *Le Cat.* 1. *vol. in* 8°. *Roüen* 1752.

Experiences & demonftrations fur les maladies des Dents. *Bunon.* 1. *vol. in* 12. *Paris.* 1746.

Mémoires de Chirurgie. *Académie Royale.* 2. *vol. in* 4°. *La Haye.* 1743.

Traité

Traité des Accouchemens. *Dionis.* 1. *vol. in*
12. *Paris.* 1724.

Sepulchretum, seu Anatomia practica. *Boneti.*
3. *vol. in fol. Lugduni.* 1700.

Traité de la structure du cœur, de son action & de ses maladies. *Senac.* 2. *vol. in* 4°.
*Paris.* 1749.

Traité de la maladie des Os. *Duverney.* 2.
*vol. in* 12. *Paris.* 1751.

Anatomie raisonnée du Corps humain. *Deidier.* 1. *vol. in* 8°. *Paris.* 1742.

Theatrum Anatomicum cum Tabulis Eustachii. *Manget.* 2. *vol. in fol. Genéve.* 1716.

Nouveau sistême du Microcosme. *Tymogue.*
1. *vol. in* 8°. *La Haye.* 1727.

Mémoire pour le S$^r$. François La Peyronie,
premier Chirurgien du Roi, Médecin consultant de S. M. & Chef de la Chirurgie du
Royaume, &c. contre les Doyen & Docteurs
Régens de la Faculté de Médecine de Paris,
&c. 1746. Voy. *Recueil.* tom. 1.

## III. *Pharmacie & Chymie.*

Cours de Chymie. *Lemery.* 1. *vol. in* 8°. *Paris.*
1730.

Chymie médicinale, contenant la maniere
de préparer les remédes les plus usités, & la
méthode de les employer, &c. *Maloüin.* 2. *vol.*
*in* 12. *Paris.* 1755.

C

Nouveau cours de Chymie suivant les principes de Newton. 2. *vol. in* 12. *Paris.* 1737.

Elementa Chymiæ.. *Boërhave.* 2. *vol. in* 8°. *Lipsiæ* 1732.

Fundamenta Chymiæ Sthalii. 1. *vol. in* 4°. *Norimbergæ.* 1732.

Elemens de Chymie pratique. *Macquer.* 2. *vol. in* 12. *Paris.* 1751.

Chymie Hydraulique pour extraire les sels essentiels, &c. avec l'eau pure 1. *vol. in* 12. *Paris.* 1745.

Chymista Scepticus. *Boyle.* 1. *vol. in* 16. *Rotterdam.* 1669.

Theatrum Chemicum. 6. *vol. in* 8°. *Strasbourg.* 1613.

Becheri Opuscula Chemica rariora. 1. *vol. in* 12. *Norimbergæ.* 1719.

Histoire de la Philosophie Hermetique. 3. *vol. in* 12. *Paris.* 1744.

De interitu Alchimiæ Metallorum transmutatoriæ. 1. *vol. in* 12. *Toul.* 1614.

Weidenfeld de secretis Adeptorum. 1. *vol. in* 4°. *Londres.* 1684.

Dictionnaire Universel des Drogues simples. *Lemery* 1. *vol. in* 4°. *Paris.* 1748.

# MATHÉMATIQUE.

## I. Traités généraux de Mathématique.

Nouveau cours de Mathématiques. *Belidor*. 1. *vol. in* 4°. *Paris.* 1725.

Elémens de Mathématiques. *Rivard.* 1. *vol. in* 4°. *Paris.* 1744.

Opera omnia Joannis Bernoully. 4. *vol. in* 4°. *Geneva.* 1742.

Cours de Mathématique. *Camus.* 2. *vol. in* 8°. *Paris.* 1749.

Dictionnaire Mathématique. *Ozanam.* 1. *vol. in* 4°. *Paris.* 1691.

Dictionnaire Universel de Mathématique & de Physique, où l'on traite de l'origine, du progrès de ces deux Sciences, &c. *Saverien.* 2. *vol. in* 4°. *Paris.* 1753.

Elemens de Mathématique. *Deidier.* 2. *vol. in* 4°. *Paris.* 1745.

Mémoires de Mathématique & de Physique, présentés à l'Académie Royale des Sciences par divers Savans, & lûs dans ses Assemblées. 2. *vol. in* 4°. *Paris. Imp. Roy.* 1755.

# II. *Arithmétique, Algébre, & Géométrie.*

La Science du Calcul. *Reyneau.* 1. *vol. in* 4°. *Paris.* 1739.

Le Calcul différenciel & intégral. *Deidier.* 1. *vol. in* 4°. *Paris.* 1740.

La Science Numérique, ou Arithmétique. *Gallimard.* 1. *vol. in* 8°. *Paris.* 1751.

L'Algébre, ou la Science du Calcul. *Gallimard.* 1. *vol. in* 8°. *Paris.* 1751.

Traité de l'Algébre. *Crouzas.* 1. *vol. in* 8°. *Paris.* 1726.

Arithmetica Universalis. *Newton.* 1. *vol. in* 4°. *Leyde.* 1732.

Analyse démontrée. *Reyneau.* 2. *vol. in* 4°. *Paris.* 1736.

Traité des Fluxions. *Maclaurin.* 2. *vol. in* 4°. *Paris.* 1749.

La Géométrie. *Crouzas.* 1. *vol. in* 12. *Amsterdam.* 1718.

Science des Géométres. *Deidier.* 1. *vol. in* 4°. *Paris.* 1739.

Elémens de la Géométrie d'Euclide. *Freard du Castel.* 1. *vol. in* 12. *Paris.* 1740.

Les Sections Coniques. *Gallimard.* 1. *vol. in* 8°. *Paris.* 1752.

Mesure des Surfaces. *Deidier.* 1. *vol. in* 4°. *Paris.* 1740.

Projet pour les Quadratures des Lignes courbes. 1. *vol. in* 8°. *Paris.* 1750.

Démonstration de la Quadrature du Cercle, par *Mr. le Ch<sup>er</sup> de Cauffans.* 1. *vol. in* 4°.

## III. *Aftronomie, Gnomonique & Hydrographie, ou Navigation.*

Aftronomie Phyfique. *Gamaches.* 1. *vol. in* 4°. *Paris.* 1740.

Aftronomie de Caffini. 2. *vol. in* 4°. *Paris. Impr. Roy.* 1740.

Dialogus de Siftemate Mundi. *Galilæi.* 1. *vol. in* 4°. *Lugduni.* 1641.

Journal d'un voyage au Nord en 1736. & 1737. *Outhier.* 1. *vol. in* 4°. *Paris.* 1744.

Manethonis Apotelefmatica. *Gronovius.* 1. *vol. in* 4°. *Leyde.* 1698.

Aftronomiæ Phyficæ Breviarium. *Sigorgne.* 1. *vol. in* 12. *Paris.* 1749.

Traité de Trigonométrie & de Gnomonique. *Parcieux.* 1. *vol. in* 4°. *Paris.* 1741.

Traité de la Sphère. *Rivard.* 1. *vol. in* 8°. *Paris.* 1743.

Commentarius Clavii in Sphæram. *Joan. De Sacrobofco.* 1. *vol. in* 4°. *Lugduni.* 1607.

Méthode générale pour tracer des Cadrans fur toutes fortes de Plans. *Ozanam.* 1. *vol. in* 12. *Paris.* 1685.

Hydrographie contenant la Théorie & la Pratique de la Navigation. *Fournier.* 1. *vol. in fol. Paris.* 1643.

Bayfius de Re Navali. 1. *vol. in* 4°. *Paris.* 1549.

De Fabricâ Triremium. *Meibomius.* 1. *vol. in* 4°. *Amſterdam.* 1671.

Dictionnaire de Marine. 1. *vol. in* 4°. *Amſterdam.* 1736.

Hiſtoire Navale d'Angleterre, *traduite de l'Anglois de Thomas Lediard.* 3. *vol. in* 4°. *Lyon.* 1751.

# IV. *Méchaniqe, Optique.*

La Méchanique Générale. *Deidier.* 1. *vol. in* 4°. *Paris.* 1741.

Principes ſur le Mouvement & ſur l'Equilibre. *Trabaud.* 1. *vol. in* 4°. *Paris.* 1741.

Machines approuvées de l'Académie des Sciences. 6. *vol. in* 4°. *Paris.* 1735.

Traité d'Optique Méchanique. *Thomin.* 1. *vol. in* 8°. *Paris.* 1749.

Méchanique du Feu. 1. *vol. in* 12. *Coſmopoli.* 1714.

# ARTS.

## I. *Architecture.*

ESſai ſur l'Architecture. *Laugier.* 1. *vol. in* 12. *Paris.* 1753.

Eſſai ſur l'Architecture. Nouvelle Edition augmentée, avec un Dictionnaire des termes, & des Planches qui en facilitent l'explication. *Laugier.* 1. *vol. in* 8°. *Paris.* 1755.

Architecture Hydraulique. *Belidor.* 2. *vol. in* 4°. *Paris.* 1737.

Speculum Romanæ magnificentiæ, omnia ferè quæcumque in Urbe Monumenta extant, &c. Accuratiſſimè Delineata repræſentans, &c. 1. grand *in fol.*

## II. *Peinture & Gravûre.*

Cours de Peinture par Principes. *Depiles.* 1. *vol. in* 12. *Paris.* 1708.

Eſſai ſur la Peinture, la Sculpture & l'Architecture. 1. *vol. in* 12. 1751.

Réflexions ſur quelques cauſes de l'état préſent de la Peinture en France, avec un examen des principaux Ouvrages expoſés au Louvre au mois d'Août 1746. par *M. La Font de S. Yenne.* 1. *vol. in* 12. *La Haye.* 1747.

Spectacles des Vertus, des Arts & des Sciences hiftoriques, poëtiques & allégoriques, repréfentés dans les Palais des Dieux, en cinq Parties. Taille douce, par *le Sr. François, Graveur.* Palais d'Apollon, prem. Part. 1. *vol.* grand *in fol. Paris.*

Abrégé des Vies des plus fameux Peintres. 2. *vol. in* 4°. *Paris.* 1745.

## III. *Mufique.*

Génération Harmonique. *Rameau.* 1. *vol. in* 8°. *Paris.* 1737.

L'Art, ou les Principes du Chant. *Blanchet.* 1. *vol. in* 12. *Paris.* 1756.

Apologie de la Mufique Françoife contre M$^r$. Rouffeau. 1. *vol. in* 8°. Voy. *Parallele d'Alexandre & de Tahmas Kouli-Khan avec lequel il eft relié.*

Dictionnaire de Mufique. *Broffart.* 1. *vol. in* 8°. *Amfterdam.*

## IV. *Art Militaire.*

Vegetius Frontinus. De Re Militari, cum notis. 1. *vol. in* 4°. *Plantin.* 1607.

Salmafius. De Re Militari Romanorum. 1. *vol. in* 4°. *Leyde.* 1657.

Hiftoire de Polybe, *traduite du Grec,* par *D. Vincent Thuillier, &c.* avec un Commentaire, ou un Corps de Science Militaire , enrichi de notes critiques , &c. par *M. De Folard , &c.* 6. *vol. in* 4°. *Paris.* 1727.

Abrégé du Commentaire de M. De Folard fur l'Hiftoire de Polybe , par M. * * * Meftre de Camp , &c. 3. *vol. in* 4°. *Paris.* 1754.

Parallele de l'expédition d'Alexandre dans les Indes , avec la Conquête des mêmes Contrées par *Thomas-Kouli-Khan. Bougainville.* 1. *vol. in* 8°. 1752.

Hiftoire de la Guerre de Flandres de *Famianus Strada , traduite par Du Ryer.* 3. *vol. in* 12. *Bruxelles.* 1712.

Art de la Guerre. *Puizegur.* 1. *vol. in fol. Paris.* 1748.

De l'Attaque & de la Défenfe des Places. *Vauban.* 1. *vol. in* 4°. *Leyde.* 1737.

Mémoire pour la conduite des Siéges. *Vauban.* 1. *vol. in* 4°. *Leyde.* 1740.

L'Art de jetter les Bombes. *Blondel.* 1. *vol. in* 4°. *Amfterdam.* 1699.

Parfait Ingénieur. *Vauban.* 1. *vol. in* 4°. *Paris.* 1742.

Parfait Ingénieur François. *Deidier.* 1. *vol. in* 4°. *Paris.* 1742.

Elémens de Fortifications. *Le Blond* 1. *vol. in* 12. *Paris.* 1742.

Elémens de la Guerre , des Siéges , ou Traité de l'Artillerie , de l'Attaque & de la Défenfe des Places. *Le Blond.* 3. *vol. in* 8°. *Paris.* 1743.

Campagnes de Louis XIV. & Comparaison de François I. avec Charles V. *Peliſſon.* 1. *vol. in* 12. *Paris.* 1750.

Malboroug. Sa conduite dans la Guerre. 1. *vol. in* 12. *Amſterdam.* 1714.

Campagnes de Louis XV. 1. *vol. in* 4°. *Paris.* 1751.

Campagnes de l'Armée du Roi en 1747. 1. *vol. in* 12. *La Haye.* 1747.

Plans & Journaux des Siéges de la derniere Guerre de Flandres. 1. *vol. in* 4°. *Strasbourg.* 1750.

Hiſtoire de la Milice Françoiſe. *Daniel.* 2. *vol. in* 4°. *Paris.* 1721.

Caſtruccii Bonamici Commentariorum de Bello Italico. Liber 1^{us}. 2^{us}. & 3^{us}. in duas partes diviſus, cui adjunctus eſt ejuſdem Auctoris de Rebus ad Velitras geſtis anno 1744. Commentarius. 2. *vol. in* 8°. *Lugduni Batavorum.* 1750.

## V. *Arts Méchaniques.*

Secrets concernans les Arts & Mêtiers. 2. *vol. in* 12. *Bruxelles.* 1747.

L'Art de la Teinture des Laines. *Hellot.* 2. *vol in* 12. *Paris.* 1750.

L'Art de convertir le Fer en Acier. *Réaumu* 1. *vol. in* 4°. *Paris.* 1722.

L'Art de Tourner. *Plumier.* 1. *vol. in fol. P* *ris.* 1749.

Anti-maquignonage pour éviter la furprife dans l'emplette des Chevaux, en françois & en italien, *avec ce titre : La Perfezione è i diffetti del Cavallo, Opera del Barone d'Eifemberg, Direttore & primo Cavallerizzo del l'Accademia di Pifa*, &c. *In Firenfe.* 1753. 1. *vol. in fol.*

# HUMANITE'S.

## GRAMMAIRE.

*Grammaires & Dictionnaires des Langues.*

Nouvelle Méthode Grecque. *Lancelot.* 1. *vol in* 8°. *Paris.* 1655.

Le Jardin des Racines Grecques. *Lancelot.* 1. *vol. in* 12. *Paris.* 1740.

Epitome Græcæ Paleographiæ. *Placentinius.* 1. *vol. in* 4°. *Romæ.* 1735.

Principes de la Grammaire. *Reftaut.* 1. *vol. in* 12. *Paris.* 1745.

La parfaite Grammaire Françoife-Allemande. *Leipfig.* 1. *vol. in* 12. 1729.

Remarques fur la Langue Françoife. *Vauge-las.* 2. *vol. in* 12. *Paris.* 1687.

Principes de la Langue Françoife. *L'Abbé Girard.* 2. *vol. in* 12. *Paris.* 1747.

Synonymes François, & Traité de la Profodie. 1. *vol. in* 12. *Amfterdam.* 1748.

Méthode nouvelle & concise pour instruire facilement la jeunesse sur les principes de la lecture, &c. 1. *vol. in* 12. *Nancy.* 1756. 2. Exemplaires.

Chritographia Denudata. 1. *vol. in* 8°. *Leyde.* 1739.

Roberti Stephani Thesaurus Linguæ Latinæ. 4. *vol. in fol. Basileæ.* 1740.

Thesaurus Vocum omnium Latinarum Gr. Lat. *Morelli.* 1. *vol. in* 40. *Genevæ.* 1646.

Thesaurus Eruditionis Scholasticæ. *Fabert.* 1. *vol. in fol. Lypsiæ.* 1735.

Thesaurus Grammaticus Linguæ Sanctæ. *Buxtorfius.* 1. *vol. in* 8°. *Basileæ.* 1609.

Lexicon Hebraïcum. *Bouget.* 2. *vol. in fol. Roma.* 1737.

Lexicon Hebraïcum & Chaldaïcum. *Buxtorff.* 1. *vol. in* 8°. *Basileæ.* 1698.

Dictionnaire Hébraïque. *Volsogue.* 1. *vol. in* 4°. *Amsterdam.* 1712.

Lexicon Heptaglotton. *Castelli.* 2. *vol. in fol. Londini.* 1669.

Thesaurus Linguæ Græcæ. *Robertus Stephanus.* 4. *vol. in fol. Paris.* 1572.

Lexicon Græcum Scapulæ. 1. *vol. in fol. Aurelia Allobrogum.* 1609.

Lexicon Græco - Latinum Budæi - Tusani-Constantini. 2. *vol. in fol. Paris.* 1562.

Lexicon Universale. *Hoffmann.* 4. *vol. in fol. Leyde.* 1698.

Dictionnaire Royal , François , Anglois , &c. *Boyer*. 2. *vol. in* 4₀. *Amfterdam.* 1727.

Gloffarium ad Scriptores Mediæ & Infimæ Latinitatis. *Du Cange*. 6. *vol. in fol. Parif.* 1733.

Dictionnaire de l'Académie Françoife. 2. *vol. in fol. Parif.* 1718.

Dictionnaire Univerfel de Trevoux. 6. *vol. in fol. Nancy.* 1740.

Dictionnaire Etymologique de la Langue Françoife. *Menage.* 2. *vol. in fol. Paris.* 1750.

Ammonius. De adfinium Vocabulorum differentiâ. 1. *vol. in* 4°. *Leyde.* 1639.

## Rhétorique.

Quintiliani Inftitutiones. *Rollin.* 2. *vol. in* 12. *Parif.* 1741,

Fabri Quintiliani de Oratoriâ Inftitutione. *Capperonier.* 1. *vol. in fol. Parif.* 1725.

Longini de Sublimitate. Gr. Lat. *Pearce.* 1. *vol. in* 80. *Amfterdam.* 1733.

Orationes Philippicæ Demofthenis. Gr. & Lat. 1. *vol. in* 12. *Argentorati.*

Quintilien , de l'Inftitution de l'Orateur. *Gedoyn.* 1. *vol. in* 4°. *Paris.* 1718.

Ariftotelis de Rhetoricâ. Libri III. 1. *vol. in* 8°. *Cantabrigia.* 1728.

Philippiques de Demofthenes & Catilinaires de Ciceron. *D'Olivet.* 1. *vol. in* 12. *Paris.* 1744.

Oeuvres de M. de Toureil. 2. *vol. in* 4°. *Paris.* 1721.

Ciceronis Opera. *Oliveti.* 9. *vol. in* 4b. *Geneva.* 1743.

Tufculanes de Ciceron. *D'Olivet.* 3. *vol. in* 12. *Amfterdam.* 1739.

Lettres de Ciceron à Atticus. *Mongault.* 6. *vol. in* 12. *Amfterdam.* 1741.

Plinii fecundi Panegyricus. *Schuvarzius.* 1. *vol. in* 4°. *Norimbergæ.* 1746.

Lettres de Pline. *De la traduction de Sacy.* 2. *vol. in* 12. *Rotterdam.* 1707.

Ælii Ariſtidis Opera omnia. 2. *vol. in* 4°. *Oxfort.* 1722.

Orationes Juvencii. 2. *vol. in* 12. en un. *Parif.* 1714.

Panegyrici Veteres. *De la Baune. Ad uſum Delphini.* 1. *vol. in* 4°. *Parif.* 1676.

Cauſſinus Trecenſis de Eloquentiâ Sacrâ & Humanâ. 1. *vol. in* 4°. *Lugduni.* 1643.

Vavaſſoris Orationes. 1. *vol. in* 8°. *Parif.* 1662.

Candidatus Rhetoricæ. *Juvencius.* 1. *vol. in* 12. *Parif.* 1725.

Réfléxions ſur la Rhétorique & ſur la Poëtique. *Fénélon.* 1. *vol. in* 12. *Amfterdam.* 1717.

La Maniere de bien penſer, &c. *Bouhours.* 1. *vol. in* 12. *La Haye.* 1739.

Harangues de Vaumoriere. 1. *vol. in* 4°. *Paris.* 1713.

Diſcours ſur l'Eloquence, avec des Réflexions préliminaires ſur le même ſujet, 1. *vol. in* 12. *Paris.* 1723.

Oeuvres de Patru. 2. *vol. in* 4₀. *Paris.* 1732.

Essai historique sur le Goût. *Cartaut de la Villate.* 1. *vol. in* 12. *La Haye.* 1737.

Maximes sur le Ministère de la Chaire. *Gaichiés.* 1. *vol. in* 12. *Paris.* 1739.

Oraisons funèbres de Mascaron. 1. *vol. in* 12. *Paris.* 1745.

Oraisons funèbres de Bossuët. 1. *vol. in* 12. *Paris.* 1743.

De la Maniere d'enseigner & d'étudier les belles Lettres. *Rollin.* 4. *in* 12. *Paris.* 1728.

Recueil des Piéces d'Eloquence présentées à l'Académie Françoise, avec les Discours qui ont été prononcés dans l'Académie en différentes occasions. 32. *vol. in* 12. *Paris.*

Les beaux Arts réduits à un même principe. 1. *vol. in* 12. *Paris.* 1746.

Panegyricus Francisco & Mariæ Theresiæ Augustis ob Scientias optimasque Artes suis in Terris instauratas, ornatas, dum Senatus Populusque Academicus Vindobonensis Augustâ munificentiâ Splendidissimarum Oedium è fundamentis recens conditarum possessione donaretur, &c. A *Georgio Maister,* è *Soc. Jesu , &c.* 1. *vol. in fol. Vindobonæ.* 1756.

Oraison funèbre du Prince de Dombes Louis Auguste de Bourbon, prononcée à Trevoux le 18. Décembre 1755. par le P. Laugier, Jésuite. A *Trevoux.* 1756. Voy. *Recueil tom.* 1.

Difcours prononcés dans l'Académie Royale des Sciences & belles Lettres de Berlin, à la réception de M ʳˢ. le Chevalier de Cogolin, Bertrand & Lehmann, le jeudy 26. Septembre 1754. Voy. *Recueil. tom.* 1.

Oratio habita juffu & nomine Univerfitatis, ad folemnem Præmiorum diftributionem in Majoribus Sorbonæ Scholis, die Jovis 12. Augufti 1751. *à Chriftiano Le Roi, Eloquentiæ Profeffore in Collegio Cardinalitio.* Quantùm Litteris debeat Virtus. *Parifiis.* 1751. Voy. *Recueil. tom.* 2.

Altera ejufdem Oratio habita pro Scholarum inftauratione in Collegio Cardinalitio, die Lunæ fecundâ Octobris 1751. Quo potiffimùm in inftituendis Pueris fublevari poffit Magiftrorum labor. *Parif.* 1751. *Ubi fuprà.*

In Regales Nuptias Ludovici XV. & Mariæ Leczinskiæ Fefti Plaufus editi in Regio Ludovici Magni Collegio Soc. Jefu. *Parifiis.* 1725. Voy. *Recueil tom.* 2.

Le Mariage de Thélémaque & d'Antiope, célébré par les Bergers d'Ithaque. Paftorale allégorique repréfentée par M ʳˢ. les Penfionnaires du Collége de la Compagnie de Jefus de Reims, à l'occafion de l'heureux mariage de Mʳ. le Dauphin, avec la Sérénif fime Infante Marie - Théréfe d'Efpagne. 1745. Voy. *Recueil. tom.* 2.

POET.

# POETIQUE.

## I. *Traités de l'Art Poëtique.*

Elémens de Poësie Françoise. *Joannet.* 3. *vol. in* 16. *Paris.* 1752.

Principes pour la Lecture des Poëtes. 2. *vol. in* 12. *Paris.* 1745.

Réflexions Critiques sur la Poësie & sur la Peinture. *Du Bos.* 2. *vol. in* 12. *Utrech.* 1732.

Traité du Poëme Epique. *Le Bossu.* 1. *vol. in* 12. *Paris.* 1675.

Le Théâtre des Grecs. *Brumoy.* 6. *vol. in* 12. *Amsterdam.* 1732.

Remarques sur Homere & sur Virgile. 1. *vol. in* 12. *Paris.* 1705.

Nouvelles Remarques sur Virgile & sur Homere. 1. *vol. in* 12. *Paris.* 1710.

Remarques sur Homere. 1. *vol. in* 12. *Paris.* 1728.

## II. *Poëtes Anciens & Modernes.*

### *Poëtes Grecs.*

Hesiodi Ascræi Opera. *Clericus.* 1. *vol. in* 8°. *Amsterdam.* 1701.

Homeri Ilias & Odyssea. *Clarke.* 2. *vol. in* 12. *Amsterdam.* 1743.

D

Homeri Ilias & Odyssea. Gr. Lat. cum Scholiis Græcis, ex Editione *Josua Barnes*. 2. *vol. in* 4°. *Cantabrigiæ*. 1711.

Homeri quæ extant. *Spondanus*. 1. *vol. in fol. Basileæ*. 1583.

Homeri Gnomologia. *Duport*. 1. *vol. in* 4°. *Cantabrigiæ*. 1660.

L'Iliade d'Homere. *Madame Dacier*. 4. *vol. in* 12. *Paris*. 1741.

L'Odyssée d'Homere. *Madame Dacier*. 4. *vol. in* 12. *Paris*. 1741.

Quinti Calabri Prætermissorum ab Homero. 1. *vol. in* 8°. *Leyde*. 1734.

Dissertationes Homericæ. *Riccius*. 1. *vol. in* 4°. *Florent*. 1740.

Lycophronis Alexandra. 1. *vol. in fol. Oxfort*. 1697.

Callimachi Hymni & Epigrammata. *Stubelius*. 1. *vol. in* 8°. 1741.

Sophoclis Tragediæ quæ extant. 1. *vol. in* 4°. *Glasguæ*. 1745.

Euripidis Tragediæ. Gr. Lat. cum Scoliis Græcis & cum Notis, per *Josuam Barnes*. 1. *vol. in fol. Cantabrigiæ*. 1694.

Aristophanis Comediæ. Gr. Lat. *Kusterus*. 1. *vol. in fol. Amsterdam*. 1710.

Æschyli Tragediæ septem. *Stanleius*. 1. *vol. in fol. Londres*. 1664.

ΑΝΑΚΡΕΟΝΤΟΣ ΤΗΙΟV ΤΑ ΜΕΛΗ. 1. *vol. in* 8°. *Paris*. 1639.

Poëtæ Græci. *Henric. Stephanus.* 3. *vol. in fol.* 1566.

Les Poësies d'Anacréon, *traduites du Grec, par Madame Dacier.* 1. *vol. in* 12. *Paris.* 1681.

## Poëtes Latins.

M. Accii Plauti Comediæ cum Notis Variorum, Edente Frid. Gronovio. 2. *vol. in* 8°. *Lugduni Batavorum.* 1669.

Terentii Comediæ cum Notis Variorum. 2. *vol. in* 4°. *La Haye.* 1726.

Les Comédies de Terence , *traduites par Madame Dacier.* 3. *vol. in* 12 1724.

Comediæ Terentii Verfibus Italicis redditæ. 1. *vol. in fol. Urbini.* 1736.

T. Petronii Arbitri Satyricon cum Variorum Notis, ftudio *Petri Burmanni.* 2. *vol. in* 4°. *Utrech.* 1709.

Valerii Catulli Opera ad ufum Delphini. 1. *vol. in* 4°. *Paris.* 1685.

Propertii Elegiæ cum Notis. 1. *vol. in* 4°. *Amftelodami.* 1727.

Virgilii Maronis Opera cum Notis Servii. *Mafvicius.* 2. *vol. in* 4°. *Leovardia.* 1717.

Virgilii Maronis Codex antiquiffimus, qui Florentiæ affervatur. 1. *vol. in* 4°. 1741.

Les Oeuvres de Virgile *trad. en françois. Desfontaines.* 4. *vol. in* 12. *Paris.* 1743.

Horatius, cum Notis Bentleii. 1. *vol. in* 4°. *Amfterdam.* 1713.

D ij

Horatius cum Notis. 1. *vol. in fol. Parif.* 1679.

Horatii Carmina ad fuum ordinem & nitorem revocata. *Sanadon.* 1. *vol. in* 16. *Paris.* 1728.

Oeuvres d'Horace traduites. *Dacier & Sanadon.* 8. *vol. in* 12. *Amfterdam.* 1735.

Les Poëfies d'Horace, *traduites en François. Bateux.* 2. *vol. in* 12. *Paris.* 1750.

Ovidii Nafonis Opera. *Burmann.* 4. *vol. in* 4°. *Amftelodami.* 1727.

Les Métamorphofes d'Ovide. *Banier.* 3. *vol. in* 12. *Paris.* 1737.

L'Art d'aimer, & les Remédes d'Amour d'Ovide. 1. *vol. in* 12. *Paris.* 1696.

Les Epitres & Elégies amoureufes d'Ovide, *traduites en Vers François.* 1. *vol. in* 12. *Londres.* 1725.

Annæi Lucani Pharfalia. *Burmann.* 1. *vol. in fol. Leyde.* 1740.

Martialis Epigrammata cum Notis Variorum. 1. *vol. in* 8°. *Amftelodami.* 1701.

Juvenalis & Perfii Satyræ cum Notis Variorum, edente *Corn. Schrevelio.* 1. *vol. in* 8°. *Leyde.* 1664.

Juvenalis & Perfii Satyræ cum Notis Variorum. 1. *vol. in* 8°. *Amftelodami.* 1684.

Juvenalis & Perfii Satyræ. *Juvencii.* 1. *vol. in* 12. *Parif.* 1729.

Traduction des Satyres de Perfe & Juvenal. *Tarteron.* 1. *vol. in* 12. *Paris.* 1714.

Annæi Senecæ Tragediæ. *Schroderus.* 2. *vol. in* 4°. *Delft.* 1728.

Senecæ Tragediæ cum Notis Variorum. 1.
vol. in 8°. Leyde. 1651.

Poëtæ Latini Minores. *Burmann.* 2. vol. in
4°. Leyde. 1731.

Hugonis Grotii Poëmata omnia. 1. vol. in
16. *Amstelod.* 1670.

Barberini Urbani Papæ VIII. Poëmata. 1.
vol. in fol. Parif. Typ. Reg. 1642.

Poëmata Ferdinandi, Episcopi Monasterien-
fis. 1. vol. in fol. Parif. Typ. Reg. 1684.

Aufonii Burdigalenfis Opera, ad ufum Del-
phini. 1. vol. in 4°. Parif. 1730.

Petri Burmanni Poëmata. 1. vol. in 4°. Amf-
telodami. 1746.

Faërni Cremonenfis Fabulæ centum. 1. vol.
in 4°. Londini. 1743.

Bernardini Rotæ Poëmata. 1. vol. in 12.
Venetiis. 1567.

Heinfii Poëmata Latina & Græca. 1. vol. in
16. Amftelodami. 1649.

Cajetani de Leonardis Canonici Odæ. 1. vol.
in 8°. Romæ. 1740.

Petavii Opera Poëtica. 1. vol. in 8°. Parif.
1642.

Prædium Rufticum Vanierii. 1. vol. in 12.
Parif. 1746.

Poëmata Didafcalica. *D'Olivet.* 3. vol. in
12. Parif. 1749.

Poëtæ Latini Rei Venaticæ. *Kempheri.* 1. vol.
in 4°. Leyde. 1728.

## Poëtes François.

Parnasse François. *Titon Du Tillet.* 1. *vol. in fol. Paris.* 1732. avec le Supplément.

Bibliothêque des Poëtes Latins & François. *Noblot.* 1. *vol. in* 12. *Paris.* 1731.

Nouveau Recueil des Epigrammatistes François. *La Martiniere.* 1. *vol. in* 12. *Amsterdam.* 1720.

Le Roman de la Rose. 3. *vol. in* 12. *Amsterdam.* 1735.

Les Oeuvres de François Villon. 1. *vol. in* 12. *Paris.* 1723.

Poësies de Coquillart, Official de Reims. 1. *vol. in* 12. *Paris.* 1723.

Oeuvres de Melin de Saint-Gelais. 1. *vol. in* 12. *Paris.* 1719.

Poësies de Guillaume Cretin. 1. *vol. in* 12. *Paris.* 1723.

La Légende de Pierre Faifeu, mise en vers. 1. *vol. in* 12. *Paris.* 1723.

Poësies de Martial de Paris, *dit* d'Auvergne. 2. *vol. in* 12. *Paris.* 1724.

Oeuvres de Pierre Ronsard. 1. *vol. in fol. Paris.* 1609.

Les Satyres de Regnier. 1. *vol. in* 4°. *Londres.* 1729.

Oeuvres de Malherbe. 1. *vol. in* 4°. *Paris.* 1730.

Les Oeuvres de Malherbe, avec les Obferva-
tions de Menage. 3. *vol. in* 12. *Paris.* 1722.

Recueil des plus beaux Vers de Racan. 1. *vol.*
*in* 12. *Paris.* 1698.

Las Obros de Pierre Goudelin. 1. *vol. in* 12.
*Toulouze.* 1713.

Poëfies de M<sup>r</sup>. de la Monnoye. 1. *vol. in* 8°.
*La Haye.* 1716.

Oeuvres diverfes de Boileau Defpréaux. 2. *vol.*
*in* 12. en un. *Amfterdam.* 1702.

Oeuvres du même, avec les éclairciffemens
hiftoriques, enrichies de Figures, par *Picart-le-*
*Romain.* 4. *vol. in* 12. *Amfterdam.* 1729.

Oeuvres diverfes de Roufleau. 3. *vol. in* 12.
*Amfterdam.* 1726.

La Henriade de Voltaire avec les Variantes.
1. *vol. in* 16. 1746.

Orefte, Tragédie du même, & *dans le même*
*vol.* Samfon, Tragédie Lyrique, & menfonges
imprimés. 1. *vol. in* 12. *Paris.* 1750.

Oeuvres de Voltaire. Edit. enrichie de Figu-
res en taille-douce. 2. *vol. in* 8°. *Amfterdam.*
1732.

Poëfies diverfes de l'Abbé de Bernis. 1. *vol.*
*vol. in* 8°. *Paris.* 1744.

Poëfies de Greffet. 1. *vol. in* 12. *Blois.* 1734.

La Chriftiade, ou le Paradis reconquis, pour
fervir de fuite au Paradis perdu de Milton. 6.
*vol. in* 12. *Bruxelles.* 1753.

L'Anti-Lucréce. Poëme fur la Religion natu-

relle, compofé par le Cardinal de Polignac, tra-
auit par *M. de Bougainville*. 2. *vol. in* 8°. *Paris.*
1749.

Traduction libre en Vers françois des Elégies
latines de *Sidronius Hoffchius* fur la Paffion de
Jefus-Chrift, par *Deflandes, Avocat en Parle-
ment*. 1. *vol. in* 8°. *Paris.* 1756.

Choix de Chanfons, à commencer de celles
du Comte de Champagne, Roi de Navarre,
jufque & compris celles de quelques Poëtes vi-
vans. 1. *vol. in* 8°. *Paris.* 1755.

Oeuvres de M<sup>r</sup>. Le Franc. 2. *vol. in* 12. *Pa-
ris.* 1753.

Oeuvres diverfes de M<sup>r</sup>. De Lafontaine. 2.
*vol. in* 12. *La Haye.* 1729.

Contes & Nouvelles en Vers du même. 2.
*vol. in* 12. *Amfterdam.* 1731.

Fables Nouvelles. *La Mothe.* 1. *vol. in* 4°. *Pa-
ris.* 1719.

## *Poëtes Dramatiques François.*

La Farce de Pierre Pathelin. 1. *vol. in* 12.
*Paris.* 1723.

Théâtre de l'Abbé Nadal. 3. *vol. in* 12. *Pa-
ris.* 1738.

Nouveau Théâtre François. *Henault.* 1. *vol.
in* 8°. 1747.

Oeuvres de Théâtre de Hauteroche. 3. *vol.
in* 12. *Paris.* 1742.

Oeuvres de Théâtre, & autres Piéces. *Peffe-
lier*. 1. *vol. in* 12. *Paris.* 1742.

Nouveau Théâtre Italien. 9. *vol. in* 12. *Paris*. 1733.

Le Réveil d'Epimenide. *Henault.* 1. *vol. in* 4°. *Manuscrit.*

Tablettes Dramatiques contenant l'abregé de l'Histoire du Théâtre François, par *le Ch^{er}. de Mouhy.* 1. *vol. in* 12. *Paris.* 1752.

## Poëtes Italiens & Anglois.

La Jerusalem du Tasse. 1. *vol. in* 12. *Génève.* 1604.

Tragédies de Metastasio. 5. *vol. in* 16. *Vienne.* 1751.

Le Paradis perdu de Milton, Poëme héroïque *traduit de l'Anglois*, avec les Remarques de M. Adisson. Nouvelle Edit. avec le Paradis reconquis, par *le P. de Mareüil, Jésuite.* 3. *vol. in* 12. *Paris.* 1736.

Idée de la Poësie Angloise, ou Traduction des meilleurs Poëtes Anglois, par *l'Abbé Yart.* 6. *vol. in* 12. *Paris.* 1749.

## III. *Mythologie, ou Histoire Poëtique.*

La Mythologie, ou les Fables expliquées par l'Histoire. *Banier.* 3. *vol. in* 4°. *Paris.* 1738.

Historia Deorum Fatidicorum cum eorum Iconibus. 1. *vol. in* 8°. *Cologne.* 1675.

# Poësie Prosaïque, ou Nouvelles & Romans.

L'Asne d'Or d'Apulée, Philosophe Plato-nicien, *traduit par l'Abbé de saint Martin*. 2. *vol. in* 12. *Paris*. 1736.

Les Quatre Facardins du Comte Hamilton. 1. *vol. in* 12. *Paris*. 1730.

Nouvelles de Michel de Cervantes. 2. *vol. in* 16. *Amsterdam*. 1731.

Mémoires & Avantures d'un Homme de Qualité qui s'est retiré du monde. 6. *vol. in* 12. reliés en trois. *Amsterdam*. 1745.

Mémoires d'une Dame de Qualité qui s'est retirée du monde. 2. *vol. in* 12. *La Haye*. 1741.

Lettres d'une Peruvienne. Nouvelle Edit. où se trouve la Piéce de Théâtre intitulée Cénie. 2. *vol. in* 12. *Paris*. 1752.

Léonille. Nouvelle. Par *Mademoiselle* *** 2. *vol. in* 12. *Nancy*. 1755.

Oeuvres de Madame de Villedieu. 12. *vol. in* 16. *Paris*. 1721.

Acajou & Zirphile. *Duclos*. 1. *vol. in* 12. 1744.

Mémoires de la Comtesse Linska. Histoire Polonoise. 1. *vol. in* 12. *Paris*. 1739.

# PHILOLOGIE.

## I. *Critiques anciens & Modernes.*

Cenſura celebriorum Authorum. *Pope Blount.* 1. *vol. in* 4°. *Geneva.* 1710.

Bibliothêque Critique de Sainjore. 4. *vol. in* 12. *Baſle.* 1709.

Jugement des Savans. *Baillet.* 8. *vol. in* 4°. *Amſterdam.* 1725.

Obſervations ſur les Ecrits Modernes. *Desfontaines.* 33. *vol. in* 12. *Paris.* 1736.

Jugemens ſur quelques Ouvrages nouveaux. *Desfontaines.* 11. *vol. in* 12. *Avignon.* 1744.

Réflexions ſur les Ouvrages de Littérature. *Desfontaines.* 12. *vol. in* 12. *Paris.* 1742.

Le Nouvelliſte du Parnaſſe. *Desfontaines.* 2. *vol. in* 12. *Paris.* 1734.

Lettres ſur quelques Ecrits de ce tems. *Fréron.* 2. *vol. in* 12. 1749.

Le Controlleur du Parnaſſe. 2. *vol. in* 12. *Berne.* 1745.

De Charlataneriâ Eruditorum. *Menckenius.* 1. *vol. in.* 12. *Amſtelodami.* 1716.

Nouvelles de la République des Lettres de Bayle, depuis 1684. où elles ont commencé juſques en 1689. où elles finiſſent. 11. *petits vol. in* 12. *Amſterdam.*

Histoire des Ouvrages des Savans par *M. Bas-nage de Beauval*, depuis 1687. jusqu'en 1709. 24. *vol. in* 12. *Rotterdam*.

Bibliothèque Ancienne & Moderne, &c. par *Jean Leclerc*, depuis 1714. jusques en 1727. 29. *vol. in* 12. *La Haye*.

Les cinq Années Littéraires, ou Nouvelles Littéraires, &c. des années 1748. 1749. 1750. 1751. & 1752. par *M. Clement*. 4. *vol. in* 12. *reliés* en deux. *La Haye*. 1754.

Le Chef-d'œuvre d'un Inconnu. *St. Hyacinthe*. 1. *vol. in* 12. *La Haye*. 1714.

Réflexions sur les régles & l'usage de la Critique. *Honnoré*. 3. *vol. in* 4°. *Paris*. 1713.

L'Eloge de la Folie, *traduit du latin d'Erasme*. 1. *vol. in* 4°. 1751.

## II. *Satyres.*

Satyricon Barclaii. 1. *vol. in* 8°. *Lugduni Batavorum* 1674.

Satyre Menippée. 3. *vol. in* 12. *Ratisbonne*. 1714.

# POLYGRAPHES.

I. *Auteurs Anciens & Modernes qui ont écrit sur différens Sujets.*

Justi Lipsii Opera omnia. 4. *vol. in* 8°. *Ve-*
*salia.* 1675.

Annæ Mariæ à Schurman Opuscula Hebræa,
Græca & Latina, &c. 1. *vol. in* 12. *Utrech.*
1652.

Les Essais de Michel, Seigneur de Monta-
gne. *Coste.* 5. *vol. in* 12. *Genéve.* 1727.

Desiderii Erasmi Opera omnia. *Launoy.* 10.
*vol. in fol. Leyde.* 1703.

Oeuvres de Saint-Réal. 6. *vol. in* 12. *Paris.*
1745.

Recueil A. *Peraut.* 1. *vol. in* 12. 1745.

Harduini Opera selecta. 1. *vol. in fol. Amstel.*
1709.

Joannis Harduini Opera varia. 1. *vol. in fol.*
*Amstelodami.* 1733.

Oeuvres diverses de Mr. de Segrais. 2. *vol.*
*in* 12. *Amsterdam.* 1723.

L'esprit de Gui Patin. 1. *vol. in* 12. *Amster-*
*dam.* 1709.

Oeuvres de Saint Evremont. *Des Maizeaux.*
7. *vol. in* 12. *Amsterdam.* 1726.

Oeuvres de M$^r$. de Sacy, de l'Académie Fran-
çoife. 1. *vol. in* 4°. *Paris.* 1722.

Les Entretiens d'Arifte & d'Eugene. *Bou-
hours.* 1. *vol. in* 12. *Paris.* 1721.

Hexameron Ruftique, ou les fix Journées
paffées à la campagne entre des Perfonnes ftu-
dieufes. *La Mothe-le-Vayer.* 1. *vol. in* 12. *Amf-
terdam.* 1698.

Les Oeuvres de Montreüil. 1. *vol. in* 12. *Pa-
ris.* 1666.

Oeuvres diverfes de l'Abbé Gedoyn. 1. *vol. in*
12. *Paris.* 1745.

Menagiana. 4. *vol. in* 4$_0$. *Paris.* 1715.

Les Oeuvres diverfes de Cyrano de Bergerac.
3. *vol. in* 12. *Amfterdam.* 1741.

Oeuvres de Fontenelle. 8. *vol. in* 12. *Paris.*
1742.

Oeuvres de Rémond de Saint Mard. 5. *vol.
in* 12. *Amfterdam.* 1749.

Recüeil de Piéces fugitives, dont plufieurs de
M$^r$. Greffet. 1. *vol. in* 12.

Oeuvres de Moncrif. 3. *vol. in* 16. *Paris.*
1751.

Les Oeuvres de Vincent Voiture. 2. *vol. in* 12.
*Paris.* 1691.

Le Glaneur François. 2. *vol. in* 12. *Paris.*
1736.

Mémoires Hiftoriques, Critiques & Litté-
raires de Bruys. 2. *vol. in* 12. *Paris.* 1751.

Defid. Erafmi Colloquia cum Notis Variorum

ex Edit. Corn. *Schrevelii*. 1. *vol. in* 8°. *Leyde.* 1664.

Sexti Julii Frontini quæ extant. Robertus Keuchenius poſt modium Stewechium Scrive-rium, Notis & Emendationibus illuſtravit. 1. *vol. in* 8°. *Amſterdam.* 1661.

Penſées du Comte Oxenſtiern ſur divers ſujets. 1. *vol. in* 12. *La Haye.* 1744.

Traité de l'Opinion. *Le Gendre.* 6. *vol. in* 12. *Paris.* 1735.

Penſées diverſes ſur la Comete. *Bayle.* 4. *vol. in* 12. *Rotterdam.* 1704.

Amuſemens Sérieux & Comiques. *Dufreſny.* 1. *vol. in* 12. *Paris.* 1707.

Recueil. Tom. 1. 1. *vol. in* 4°.
Recueil. Tom. 2. 1. *vol. in* 4°.

## II. *Epiſtolaires.*

Deſid. Eraſmi. Philip. Melanchthonis, Tho-mæ Mori & Ludovici Vivis Epiſtolæ. 2. *vol. in fol.* en un. *Londini.* 1642.

Epiſtolæ Petri Bembi, Cardinalis. 1. *vol. in* 12. *Coloniæ.* 1582.

Ejuſdem Epiſtolæ, nomine Leonis Papæ. 1. *vol. in* 12. *Lugduni.* 1538.

C. Plinii Cœcilii ſecundi Epiſtolæ. *Longolius.* 1. *vol. in* 4°. *Amſterdam.* 1734.

Iſaaci Caſauboni Epiſtolæ. 1. *vol. in fol. Rot-terdam.* 1709.

Scaligeri Epiftolæ. 1. *vol. in* 8°. *Leyde. El-zevir.* 1527.

Lettres de Critique & de Littérature. *Cuper.* 1. *vol. in* 4°. *Amfterdam.* 1742.

Lettres de Bayle. 3. *vol. in* 12. *Amfterdam.* 1729.

Lettres choifies de Guy Patin. 3. *vol. in* 12. *La Haye.* 1715.

Lettres de Buffy Rabutin. 5. *vol. in* 12. reliés en trois. *Paris.* 1721.

Lettres de Rouffeau. 5. *vol. in* 12. *Genéve.* 1749.

Lettres Françoifes & Germaniques. 1. *vol. in* 12. *Londres.* 1740.

Les plus belles Lettres Françoifes fur toutes fortes de fujets. *P. Richelet.* 2. *vol. in* 12. *Amfterdam.* 1721.

Lettres choifies de M. Simon. *La Martiniere.* 4. *vol. in* 12. *Amfterdam.* 1730.

Opera omnia Cardinalis Sadoleti. 1. *vol. in* 8°. *Moguntiæ.* 1607.

HISTOIRE.

# HISTOIRE.

## GÉOGRAPHIE.

*I. Géographes anciens & nouveaux. Descriptions
& Cartes Géographiques.*

NOtitia Orbis Antiqui. *Cellarius.* 2. *vol.
in* 4°. *Lipsiæ.* 1731.

Géographie Ancienne , par *Hornius , avec les
Cartes.* 1. *vol. in fol. La Haye.* 1741.

Gerardi Mercatoris Atlas , sivè Cosmographia. Editio x ª. 1. *grand in fol. Amstelodami.*
1628.

Description Historique & Géographique de
la France. *Longueruë.* 1. *vol. in fol. Paris.* 1719.

Abregé de la Vieille & Nouvelle Géographie. *Hubner.* 2. *vol. in* 8°. *Amsterdam.* 1735.

Dictionnaire Géographique. *La Martiniere.*
6. *vol. in fol. Dijon.* 1739.

Essai sur l'Histoire de la Géographie , ou sur
son origine , ses progrès & son état actuel , par
*M. Robert de Vaugondy.* 1. *vol. in* 12. *Paris.*
1755.

Description de l'Egypte , par *Maillet.* 1. *vol.
in* 4°. *Paris.* 1735.

Histoire des grands Chemins de l'Empire
Romain. *Bergier.* 2. *vol. in* 4°. *Bruxelles.* 1728.

E

Mémoire fur la Lorraine & le Barrois, fuivi de la Table Alphabétique & Topographique des lieux. *Durival.* 1. *vol in* 4°. *Nancy.*

## II. *Voyages.*

De l'Utilité des Voyages, & de l'Avantage que la recherche des Antiquités procure aux Savans, par *M. Baudelot de Dairval.* 2. *vol. in* 12. *Paris.* 1686.

Paufanias, ou Voyage Hiftorique de la Gréce. *Gedoyn.* 4. *vol. in* 12. *Amfterdam.* 1733.

Relation du Voyage de la Mer du Sud. *Frezier.* 1. *vol. in* 4°. *Paris.* 1716.

Relation d'un Voyage du Levant. *Tournefort.* 2. *vol. in* 4°. *Paris. Imp. Roy.* 1707.

Voyage du Ch^er. Des Marchais en Guinée. *P. Labat.* 4. *vol. in* 12. *Amfterdam.* 1731.

Voyage de Maroc & d'Alger. 1. *vol. in* 12. *Paris.* 1726.

Voyages & Avantures de Jacques Maffé. 1. *vol. in* 12. *Cologne.* 1710.

Voyages du Capitaine Gulliver. 3. *vol. in* 12. *La Haye.* 1727.

Hiftoire Générale des Voyages. *Prevoft.* 9. *vol. in* 4°. *Paris.* 1746.

Lettres fur les Voyages, fur l'Efprit fort, fur l'Inftinct divin. 1. *vol. in* 12.

Les Voyages de Cyrus. *Ramfai.* 2. *vol. in* 12. en un. *Amfterdam.* 1728.

# CHRONOLOGIE.

## I. *Chronologie Technique & Hiſtorique.*

Onradi Alichtenaw, Uſpergenſis Abbatis Chronicon. 1. *vol. in fôl. Argentorati.* 1609.

L'Art de vérifier les Dattes. 1. *vol. in* 4°. *Paris.* 1750.

Hiſtoria Chronologica Pontificum Romanorum. *P. Carriere*, cum præſignatione futurotum ex S. Malachiâ. 1. *vol. in* 12. *Lugduni.* 1694.

Abrégé Chronologique de l'Hiſtoire Sacrée & Prophane depuis le commencement du monde juſqu'à nos jours. *D. Calmet.* 1. *vol. in* 12. *Nancy.* 1729.

L'Antiquité des Tems rétablie & défenduë. *Pezron.* 1. *vol. in* 4°. *Paris.* 1687.

Défenſe de l'Antiquité des Tems. *Pezron.* 1. *vol. in* 4°. *Paris.* 1691.

## II. *Hiſtoire Univerſelle.*

Diſcours ſur l'Hiſtoire Univerſelle. *Boſſuet.* 3. *vol. in* 12. *Amſterdam.* 1717.

Vossii Ars Historica. 1. *vol. in* 4°. *Leyde.* 1653.

Caprices d'Imagination, *ou* Lettres sur dif-férens sujets d'Histoire. 1. *vol. in* 12. *Paris.* 1740.

Histoire Universelle de J. A. de Thou. 11. *vol. in* 4°. *Basle.* 1742.

Recueil de diverses Piéces pour servir à l'His-toire. 1635.

Recueil d'Observations curieuses sur les Mœurs, &c. des Peuples d'Asie, d'Afrique & d'Amérique. 4. *vol. in* 12. *Paris.* 1749.

Réflexions sur l'Origine des anciens Peuples. *Fourmont.* 2. *vol. in* 4°. *Paris.* 1735.

Histoire du xviᶜ. Siécle. 4. *vol. in* 12. *La Haye.* 1734.

# HISTOIRE ECCLESIASTIQUE.

Historia Ecclesiastica. *Natal. Alexander.* 7. *vol. in fol. Parif.* 1714.

Historia Ecclesiastica Eusebii, Socratis, So-zomeni, Theodoreti & Evagrii, latinè ex Græco. *Interprete Henr. Valesio.* 1. *vol. in fol. Parif.* 1677.

Nicephori Callisti Xanthopuli Ecclesiastica Historia. 1. *vol. in fol. Basilea. Oporin.* 1553.

Sulpitii Severi Opera omnia. 1. *vol. in* 8°. *Leyde.* 1647.

Mémoires pour fervir à l'Hiftoire de l'Eglife des fix premiers Siécles. *Tillemont.* 16. *vol. in* 4°. *Paris.* 1701.

Hiftoire Eccléfiaftique par Claude Fleury. 36. *vol. in* 4°. *Paris.* 1722.

Hiftoire de l'Eglife depuis J. C. jufqu'à préfent, par *Jacques Bafnage.* 2. *vol. in fol. Rotterdam.* 1699.

Anton. Pagi Critica in Annales Baronii. 1. *vol. in fol. Parif.* 1689.

Bibliothêque Univerfelle des Hiftoriens Sacrés. *Dupin.* 59. *vol. in* 8°. *Paris.* 1707.

Remarques fur la Bibliothéque des Auteurs Eccléfiaftiques de Dupin. *D. Petitdidier.* 3. *vol. in* 8°. *Paris.* 1691.

Les Oeuvres de Maimbourg. 12. *vol. in* 4°. *Paris.* 1686.

Nouveaux Mémoires des Miffions de la Compagnie de Jefus dans le Levant. 1. *vol. in* 12. tom. IX. *Paris.* 1755.

Hiftoire des Chevaliers de S. Jean de Jerufalem. *Vertot.* 5. *vol. in* 12. *Amfterdam.* 1742.

Pruffia Chriftiana, fivè de Introductione Religionis Chriftianæ in Pruffiam per Martyres tentata, quorum Vitas veritati hiftoricæ reftituit, &c. *Andræas Schottus.* 1. *vol. in* 4°. *Gedani.* 1738. Voy. *Cafimiri Zawadzki. Hift. Arcana.*

Hiftoire de la Condamnation des Templiers,

celle du Schifme des Papes tenans le Siege en Avignon , & quelques Procès criminels. *Pierre Dupuy.* Edition augmentée de l'Hiftoire des Templiers de *M. Gurtler* , *&c.* 2. *vol. in* 12. *Bruxelles.* 1713.

Inftruction Paftorale de M. l'Evêque Duc de Laon , fecond Pair de France , fur l'autorité que J. C. a donnée à fon Eglife. *Du* 20. *May* 1737. Voy. *Recueil.* tom. 2.

Acta Sacræ Facultatis Parifienfis circà Joan. Martinum de Prades , adjunctis inftrumentis ad Deliberata Decretaque pertinentibus , in duas Partes divifa. 1. Cenfuram Thefis ejufque confectaria. 2. Reftitutionem Perfonæ in album Baccalaureorum exhibet. *Parif.* 1754. Voy. *Recueil.* tom. 2.

## I. *Hiftoire Sacrée.*

### *Vies des Saints & des Perfonnes illuftres en Piété.*

LA Vie de S^re. Theréfe , par *M. de Villefore.* 2. *vol. in* 12. *Paris.* 1748.

Acta Sanctorum des Bollandiftes. 38. *vol. in fol. Venize.* 1734. *& feqq.*

Hiftoire de la Vie, du Culte, &c. de St. Nicolas , Evêque de Myre en Lycie. D. De Lifle. 1. *vol. in* 12. *Nancy.* 1745.

Hiftoire de la Vie de M^r. de Fenelon, Archevêque de Cambray. 1. *vol. in* 12. *Bruxel.* 1725.

Hiſtoire de Boëce. 1. vol. in 12. Paris. 1715.

La Vie de Sainte Odile, Vierge, premiere Abbeſſe du Monaſtère d'Hohembourg, Diocèſe de Strasbourg, avec l'Hiſtoire de ce Monaſtère, & les Titres & Documens qui ſervent de Preuves à tout l'Ouvrage, par *le P. Hugues Peltre, Chanoine Régulier de l'Ordre de Prémontré.* 1. vol. in 12. *Strasbourg.* 1719.

La Vie du Vénérable Pere Ignace Azevedo de la Compagnie de Jeſus. L'Hiſtoire de ſon Martyre & de celui de trente-neuf autres de la même Compagnie, par le *P. de Beauvais, de la Compagnie de Jeſus.* 1. vol. in 12. *Paris.* 1744.

## II. *Hiſtoire Eccléſiaſtique particuliere des Papes & des Cardinaux.*

Hiſtoire du Pontificat d'Eugene III. 1. vol. in 12. *Delannes. Nancy.* 1737.

Hiſtoire des Démelés du Pape Boniface VIII. & Philippe Le Bel. *Baillet.* 1. vol. in 12. *Paris.* 1718.

Origine de la Grandeur de la Cour de Rome. *Vertot.* 1. vol. in 12. *La Haye.* 1737.

## III. *Hiſtoire de l'Egliſe de France.*

Gallia Chriſtiana, ſivè Series Archiepiſcoporum & Abbatum Franciæ, &c. ſtudio *Dionyſio*

*Sammarthani.* 8. vol. *in fol. Parif. Typ. Reg.* 1715. *& feqq.*

Hiftoire de l'Eglife Gallicane. *Longueval.* 16. *vol. in* 4°. *Paris.* 1732.

Mémoires Chronologiques & Dogmatiques pour fervir à l'Hiftoire Éccléfiaftique depuis 1600. jufqu'en 1716. 4. *vol. in* 12. 1739.

Hiftoire de l'Abbaye Royale de S. Germain Des Prés. *D. Boüillard.* 1. *vol. in fol. Paris.* 1724.

Cérémonies de la Dédicace & Confécration de l'Eglife de Saint Sulpice, le 30. Juin 1745. Voy. *Recueil.* tom. 1.

# HISTOIRE PROFANE.

I. *Hiftoire Ancienne,* ou *des Monarchies éteintes.*

## *Hiftoire Judaïque.*

Hiftoire des Juifs de Jofephe. *Arnaud d'Ancilly.* 2. vol. *in* 4°. *Paris.* 1700.

Hiftoire des Juifs. *Prideaux.* 2. vol. *in* 4°. *Amfterdam.* 1744.

Philonis Judæi Opera. 1. *vol. in fol. Paris.* 1640.

Flavii Jofephi Opera omnia. Gr. Lat. 1. *vol. in fol. Genevæ.* 1611.

# Histoire Grecque.

Thucydidis Athenienfis de Bello Peloponne-
fiaco. 1. *vol. in fol.* 1543.

Thucydides de Bello Peloponnefiaco. 1.*vol.
in fol. Amftelodami.* 1731.

Hiftoire de Gréce , *traduite de l'Anglois de
Tempe Stanian* , par *M. Diderot.* 3. *vol. in* 12.
*Paris.* 1743.

Obfervations fur les Grecs. *Mably.* 1. *vol.
in* 12. *Genéve.* 1749.

Animadverfiones ad Scriptores Græcos. *Lam-
bertus Bos.* 1. *vol. in* 8°. *Franekera.* 1715.

Quinti Curtii Alexander Magnus. *Samuel Pi-
tifcus.* 2. *vol. in* 8°. *La Haye.* 1708.

Quinti Curtii Hiftoria Alexandri Magni cum
Notis. 1. *vol. in* 8ª. *Amftelodami.* 1664.

Diodore de Sicile. *Terraffon.* 7. *vol. in* 12.
*Paris.* 1737.

Hiftoire de Philippe , Roi de Macédoine &
Pere d'Aléxandre le Grand. *Olivier.* 2. *vol. in*
12. *Paris.* 1740.

# Histoire Romaine.

Titi Livii Hiftoriæ. 1. *vol. in fol. Bafilea. Fro-
ben.* 1531.

Titi Livii Hiftoriarum , &c. *Crevier.* 6. *vol.
in* 12. *Paris.* 1747.

Titi Livii Hiſtoriæ cum Notis Variorum. 3. vol. in 8°. Baſileæ. 1740.

L. Ann. Flori Hiſtoria Romana cum Notis Variorum. 1. vol. in 8°. Amſtelodami. Elzevir. 1660.

Criſpi Salluſtii Opera. Havercamp. 2. vol. in 4°. Amſtelodami. 1742.

C. Criſpi Saluſtii quæ extant. Waſſe. 1. vol. in 4°. Cantabrigiæ. 1710.

C. Julii Cæſaris Opera cum Variorum Commentariis. 1. vol. in 8°. Leyde. 1651.

Julius Cæſar de Bello Gallico. Daviſius. 1. vol. in 4°. Cantabrigiæ. 1727.

Les Commentaires de Ceſar. Perrot d'Ablancourt. 2. vol. in 12. Paris. 1694.

Cornelii Taciti Opera. Gronovius. 2. vol. in 4°. Utrecht. 1721.

Annales de Tacite. Guérin. 3. vol. in 12. Paris. 1742.

Traduction de quelques Ouvrages de Tacite, par l'Abbé de la Bletterie. 2. vol. in 12. Paris. 1755.

Suetonius, cum Commentariis Beroaldi & Sabellici. 1. vol. in fol. Lugduni. 1548.

Suetonius, cum Notis Variorum. Grævius. 1. vol. in 4°. Utrecht. 1708.

Suetonius, Tranquillus. Burmann. 2. vol. in 4°. Amſtelodami. 1736.

Dionis Caſſii Hiſtoria Romana. 1. vol. in fol. Hanoviæ. 1606.

Hiſtoriæ Auguſtæ Scriptores VI. cum Notis Variorum. 1. *vol. in* 8°. *Leyde.* 1661.

Hiſtoria Romana variorum Auctorum. 1. *vol. in fol. Baſileæ. Froben.* 1533.

Dictis Cretenſis de Bello Trojano. 1. *vol. in* 8°. *Amſtelodami.* 1702.

Valerius Maximus cum Notis Variorum. 1. *vol. in* 8°. *Leyde.* 1660.

Aurelii Victoris Hiſtoria Romana. 1. *vol. in* 4°. *Amſtelodami.* 1733.

Velleii Paterculi Hiſtoriæ Romanæ ad uſum Delphini. 1. *vol. in* 4°. *Pariſ.* 1675.

Cornelius Nepos de vitâ Excellentium Imperatorum. 1. *vol. in* 12. *Pariſ.* 1745.

Cornelius Nepos Latin & François. 1. *vol. in* 12. *Paris.* 1744.

Ammiani Marcellini Hiſtoria. *Valeſius.* 1. *vol. in fol. Paris.* 1681.

Juſtinus, de Hiſtoriis Philippicis & totius Mundi Originibus ad uſum Delphini. 1. *vol. in* 4°. *Pariſ.* 1677.

Juſtini Hiſtoriæ. 1. *vol. in* 12. *Pariſ.* 1582.

Marci Antonini Imperaroris de Rebus ſuis. 1. *vol. in* 4°. *Londini.* 1707.

De Romanorum Gentibus & Familiis 1. *vol. in* 4°. *Lugduni.* 1692.

Hiſtoire des Empereurs. *Tillemont.* 6. *vol. in* 4°. *Paris.* 1720.

Hiſtoire des Empereurs. *Crevier.* 2. *vol. in* 12. *Paris.* 1749.

Histoire Romaine. *Echard.* 16. *vol. in* 12. *Paris.* 1729.

Histoire des Révolutions de la République Romaine. *Vertot.* 3. *vol. in* 12. *La Haye.* 1735.

Mœurs & Usages des Romains. 1. *vol. in* 12. *La Haye.* 1739.

Grandeur & Décadence des Romains. *Montesquieu.* 1. *vol. in* 12. *Amsterdam.* 1735.

Observations sur les Romains. *Mably.* 2. *vol. in* 12. *Genéve.* 1751.

Histoire de Catilina. 1. *vol. in* 12. *Amsterdam.* 1749.

Les Femmes des douze Césars. *Serviés.* 2. *vol. in* 12. *Amsterdam.* 1722.

Parallèle des Romains & des François, par rapport au Gouvernement. *Mably.* 2. *vol. in* 12. *Paris.* 1740.

Macrobius de somno Scipionis. 1. *vol. in* fol. *Brixiæ.* 1496.

## *Histoire Byzantique, ou de l'Empire d'Orient.*

Corpus Byzantinum. 22. *vol. in fol. Venize.* 1729.

# I I. *Hiſtoire nouvelle*,

ou *des Monarchies exiſtantes en Europe.*

### *Hiſtoire d'Italie.*

Guicciardini, Hiſtoria Italica. 1. *vol. in fol.* *Baſileæ.* 1566.

Hiſtoire des Guerres d'Italie, *traduite de l'I-taglien de Franc. Guichardin.* 3. *vol. in* 4°. *Londres.* 1738.

Utriuſque Siciliæ Conſtitutiones. 1. *vol. in fol. Venetiis.* 1590.

Hiſtoire de Florence. *Machiavel.* 1. *vol. in* 12. *Paris.* 1615.

Mémoires de Henri de Lorraine, Duc de Guiſe. 2. *vol. in* 12. en un. *Amſterdam.* 1712.

Hiſtoire du Gouvernement de Veniſe. *Amelot.* 1. *vol. in* 8°. *Paris.* 1677.

Supplément à la même Hiſtoire, par le même. 1. *vol. in* 8°. 1677.

## *Hiſtoire de France.*

Arnoldi Ferroni de Rebus Geſtis Gallorum. 1. *vol. in* 12. *Lutetiæ.* 1555.

Hiſtoire des Celtes. *Pelloutier.* 1. *vol. in* 12. *La Haye.* 1740.

Hiſtoriæ de Rebus Gallicis, ab anno 1643. ad ann. 1652. *Labardæi.* 1. *vol. in* 4°. *Pariſ.* 1671.

Alſacta Illuſtrata, Celtica, Romana, Francica, *Schæpflin.* 1. *vol. in fol.* 1751.

Aureliæ Urbis Anglicanæ Obſidio , & ſimul Res Geſtæ Joannæ Darciæ , vulgó Puellæ Aurelianenſis. *Lodoix Micquellus.* 1. *vol. in* 12. *Lugduni.* 1631.

Recherches de la France. *Paſquier.* 1. *vol.* *in* 4°. *Paris.* 1617.

Vieux Livres concernans l'Hiſtoire de France. 25. *vol. in* 4°.

Antiquités de la Monarchie Françoiſe. *Le Gendre.* 1. *vol. in* 4°. *Paris.* 1741.

Les Antiquités de la Maiſon de France. *Le Gendre, Marquis de St. Aubin.* 1. *vol. in* 4°. *Paris.* 1739.

Hiſtoire de la Monarchie Françoiſe. *Du Bos.* 2. *vol. in* 4°. *Paris.* 1742.

Mémoires pour ſervir à l'Hiſtoire de France. *L'Etoile.* 2. *vol. in* 12. *Cologne.* 1719.

Annales de la Monarchie Françoiſe. *Limiers.* 1. *vol. in fol. Amſterdam.* 1724.

Chronique des Rois de France. 1. *vol. in* *fol. Paris.* 1514.

Les trés élégantes & copieuſes Annales & Chroniques des Très Chrétiens & Excellens Modérateurs des Belliqueuſes Gaules, &c. *Nicolas Gilles.* 1. *vol. in fol.* 1551.

Hiſtoire Françoiſe , &c. 1. *grand in fol. Paris.* 1581.

Hiſtoire des Gaules & des Conquêtes des

Gaulois depuis leur origine , jusqu'à la Fondation de la Monarchie Françoise , &c. D. *Jacques Martin & D. Brezillac.* 2. *vol. in* 4°. *Paris.* 1752.

Histoire de Louis XI. *Duclos.* 3. *vol. in* 12. *Paris.* 1745.

Histoire des Rois Charles VI. VII. & VIII. *Jean Des Ursins. Godefroy.* 3. *vol. in fol. Paris. Imp. Roy.* 1653.

Historiarum Galliæ ab excessu Henrici IV. *Gramondus.* 1. *vol. in* 12. *Moguntiæ.* 1673.

Bibliothêque Historique de la France. *Le Long.* 1. *vol. in fol. Paris.* 1719.

Mémoires de Philippe de Comines. *Lenglet.* 4. *vol. in* 4°. *Paris.* 1747.

Mémoires du Maréchal de Gramont , Duc & Pair de France. 2. *vol. in* 12. reliés en un. *Amsterdam.* 1717.

Les Mémoires de Castelnau. *Le Laboureur.* 3. *vol. in fol. Bruxelles.* 1731.

Histoire de France , par *le P. Daniel.* 6. *vol. in* 4°. *Amsterdam.* 1720.

Mémoires pour servir à l'Histoire d'Anne d'Autriche. *Motteville.* 6. *vol. in* 12. *Amsterdam.* 1750.

Mémoires de Sully , mis en ordre avec des Remarques , par *l'Abbé de Lécluse Desloges.* 3. *vol. in* 4. *Londres.* 1747.

Mémoires du Cardinal de Retz. 3. *vol. in* 12. *Nancy.* 1717.

Mémoires pour servir à l'Histoire de Louis XIV. *Choisy.* 1. *vol. in* 12. *Utrecht.* 1727.

Mémoires de Feuquieres. 4. *vol. in* 12. *Paris.* 1737.

Mémoires de Forbin. 2. *vol. in* 12. *Amsterdam.* 1729.

Mémoires de l'Abbé de Montgon. 7. *vol. in* 12. *Lausanne.* 1748.

Mémoires du Comte de Guiche. 1. *vol. in* 12. *Londres.* 1744.

Mémoires de M. du Guay-Trouin. 1. *vol. in* 4°. *Amsterdam.* 1740.

Siécle de Louis XIV. *Voltaire.* 2. *vol. in* 12. *Dresde* 1752.

Nouveau volume du siécle de Louis XIV. pour suppléer à ce qui manque à cet Ouvrage par M<sup>r</sup>. de Voltaire,&c. *La Beaumelle.* 1. *vol. in* 12. *Sièclopolie.* 1753.

Histoire du Prince de Condé. *Coste.* 1. *vol. in* 4°. *La Haye.* 1748.

Nouvel Abrégé Chronologique de l'Histoire de France. *Henault.* 1. *vol. in* 4°. *Paris.* 1749.

Les Amusemens de l'Amitié, ou Recueil de Lettres écrites de la Cour vers la fin du Regne de Louis XIV. 1. *vol. in* 12. *Amsterdam.* 1729.

Mémoires secrets pour servir à l'Histoire de Perse. 1. *vol. in* 12. *Amsterdam* 1746.

Histoire de Lorraine. *D. Calmet.* 5. *vol. in fol.* *Nancy.* 1745.

Le

Le Cérémonial François. *Godefroy. 2. vol. in fol. Paris.* 1649.

Pauli Æmilii Veronenſis Hiſtoria de Rebus geſtis Francorum. 1. *vol. in fol. Paris.* 1539.

Mémoires de M<sup>r</sup>. L**. Conſeiller d'Etat, contenant l'Hiſtoire des Guerres civiles des années 1649. & ſuivantes. 2. *vol. in* 12. 1729.

Hiſtoire des Camiſards. 2. *vol. in* 12. *Londres.* 1744.

Deſcription des Fêtes & Réjoüiſſances célébrées à Strasbourg pour la convaleſcence du Roi. 1. *vol. in fol. Strasbourg.* Dans le même volume ſe trouvent :

L'Alſace Françoiſe, *ou* Nouveau Recueil de ce qu'il y a de plus curieux dans la Ville de Strasbourg, avec une Explication exaɛte des Planches en Taille-douce qui le compoſent. 1706. Et

Un Manuſcrit qui a pour titre : *Deſcription & Antiquité de la Ville de Strasbourg.*

Relation de la Dédicace de la Statuë Pedeſtre de S. M. T. C. érigée par le Roi de Pologne dans ſa Ville de Nancy, le 26. Novembre 1755. 1. *vol. in* 4°.

Le Triomphe de l'Humanité. Divertiſſement exécuté par les ordres de l'Hôtel de Ville de Nancy, le 26. Novembre 1755. Jour de la Dédicace de la Statuë de Louis XV. 1. *vol. in* 4°.

Mémoire contenant le Précis des faits avec

F

leurs piéces juſtificatives, pour ſervir de Ré-
ponſe aux Obſervations envoyées par les Mi-
niſtres d'Angleterre dans les Cours de l'Eu-
rope. *Paris. Imp. Roy.* Voy. *Recueil.* tom. 1.

## Hiſtoire d'Allemagne.

Joh. Georgii Eccardi de Origine Germano-
rum, eorumque vetuſtiſſimis Coloniis, Migra-
tionibus, ac Rebus geſtis. Libri duo. *Chriſt.*
*Ludovicus Scheidius* edidit, Figuras Æri inci-
ſas adjecit, &c. 1. *vol. in* 4°. *Goëttingæ.* 1750.
Hiſtoire Générale d'Allemagne. *Barre.* 11.
*vol. in* 4°. *Paris.* 1748.
Rerum Germanicarum Scriptores. *Struvius.*
3. *vol. in fol. Argentorati.* 1717.
Mémoires pour ſervir à l'Hiſtoire de Brande
bourg. 2. *vol. in* 12. 1751.
Annales de l'Empire depuis Charlemagne.
*Voltaire.* 2. *vol. in* 12. *Basle.* 1753.
Mémoires de Pollnitz. 2. *vol. in* 12. *Londres.*
1735.

## Hiſtoire des Pays-Bas.

Mémoires de Dewit. 1. *vol. in* 12. *La Haye.*
1709.
Hiſtoire du Stathouderat. *Raynal.* 1. *vol. in*
12. *La Haye.* 1748.

# Histoire d'Espagne.

Historia de Rebus Hispanicis. *Mariana.* 1.
*vol. in fol. Toléde.* 1592.

Histoire d'Espagne, *traduite de Ferreira.*
*D'Hermilly.* 10. *vol. in* 4°. *Amsterd.* 1751.

Histoire des Révolutions d'Espagne. *D'Or-*
*léans.* Edition revuë, continuée & publiée par
les *PP. Roüillé* & *Brumoy.* 5. *vol. in* 12. *Pa-*
*ris.* 1737.

# Histoire de Portugal.

Histoire Générale de Portugal. *La Clede.*
8. *vol. in* 12. *Paris.* 1735.

Révolutions de Portugal. *Vertot.* 1. *vol. in*
12. *Paris.* 1728.

Alphonse VI. Roi de Portugal. Histoire de
son Détronement. 2. *vol. in* 12. *Paris.* 1743.

# Histoire d'Angleterre.

Historia Major Mathæi Paris, Monachi Al-
banensis Angli. 1. *vol. in fol. Londres.* 1640.

Histoire d'Angleterre. *Rapin Thoiras.* 16. *vol.*
*in* 4°. *La Haye.* 1749.

Histoire des Révolutions d'Angleterre. *D'Or-*
*léans.* 4. *vol. in* 12. *Paris.* 1744.

Mémoires pour servir à l'Histoire de la Grande
Bretagne. *Burnet.* 6. *vol. in* 12. *Londres.* 1725.

Lettres fur les Anglois, fur les François, &
fur les Voyages. 3. *vol. in* 12. 1726.

Vie d'Elifabeth, Reine d'Angleterre. *Gre-*
*gorio Leti.* 1. *vol. in* 12. *Londres.* 1743.

Chronique des Rois d'Angleterre. *Nathan*
*Ben Saddi.* ( *M. Dodsley, Imprimeur à Londres,*
*Auteur de plufieurs Comédies Angloifes* ). 1. *vol.*
*in* 8°. *Londres.* 1743.

Hiftoire du Parlement d'Angleterre. *Raynal.*
Voy. *Hiftoire du Stathouderat.*

## Hiftoire de Suede. Livonie.

Hiftoire des Révolutions de Suede. *Vertot.* 1.
*vol. in* 12. *La Haye.* 1744.

De Rebus à Carolo Guftavo Geftis Com-
mentaria. *Puffendorff.* 2. *vol. in fol. Norimber-*
*gæ.* 1696.

Hiftoire abrégée de l'Etat préfent de la Sûé-
de. 1. *vol. in* 12. *Londres.* 1748.

Hiftoire de Charles XII. Roi de Suéde. *Vol-*
*taire.* 2. *vol. in* 12. *Amfterdam.* Nouvelle Edit.
1739.

Hiftoire de Charles XII. Roi de Suéde, tra-
duite du Suédois de *M. Nordberg.* 4. *vol. in*
4°. reliés en trois. *La Haye.* 1742.

Hiftoire Militaire de Charles XII. *Adlerfeld.*
3. *vol. in* 12. *Paris.* 1741.

Etat préfent de la Suéde, traduit de *Robin-*
*fon.* Edition augmentée du Régne de Charles
XII. 1. *vol. in* 12. *Amfterdam.* 1720.

Origines Livoniæ Sacræ & Civilis, &c. 1.
vol. in fol. Francofurti & Lipſiæ. 1740.

Remarques d'un Seigneur Polonois ( Ponia-
touski ) ſur l'Hiſtoire de Charles XII. par Vol-
taire. 1. vol. in 12. La Haye. 1741.

Orbis Gothicus, id eſt, Hiſtorica Narratio
omnium ferè Gothici nominis Populorum. 1.
vol. in fol. 1688.

## Hiſtoire de Moſcovie.

Hiſtoire de Pierre Le Grand. 3. vol. in 12.
Amſterdam. 1742.

Mémoires du Régne de Pierre Le Grand. 5.
vol. in 12. Amſterdam. 1740.

De Ruſſorum, Moſcovitarum & Tartarorum
Religione. 1. vol. in 4°. Spiræ. 1582.

## Hiſtoire de Pologne & Lithuanie.

Joan. Dlugoſſi ſeu Longini, Canonici Cra-
covienſis, Hiſtoria Polonica. 2. vol. in fol. Lip-
ſiæ. 1711.

Hiſtoire Générale de Pologne. Solignac. 5.
vol. in 12. Paris. 1750.

Relation Hiſtorique de la Pologne. Haute-
ville. Paris. 1697. 1. vol. in 12.

Recueil de Manifeſtes concernans la Polo-
gne. 2. vol. in 4°.

Geſta Populi Poloni ſub Valeſio. Fredro. 1.
vol. in 4°. Dantiſci. 1659.

Hiftoria Reformationis Polonicæ, in quâ tùm Reformatorum, tùm Anti-Trinitariorum Origo & Progreffus in Poloniâ & Finitimis Provinciis narrantur. 1. *vol. in* 8°. *Stan. Lubieniecius. Freiftadii.* 1685.

Joh. Demetrii Sulikovii Archiepifcopi Leopolienfis Commentarius Rerum Polonicarum. 1. *vol. in* 4°. *Gedani.* 1647.

Bellum Scythico Cofacicum, feu de Conjuratione Tartarorum, Cofacorum & Plebis Ruffiæ contra Regnum Poloniæ, ab invictiffimo Poloniæ & Sueciæ Rege Joanne Cafimiro Profligatâ, narratio, &c. *Joach. Paftorius.* 1. *vol. in* 4°. *Dantifci.* 1652.

Sereniffimi Joh. Cafimiri Poloniarum Sueciæque Principis Carcer Gallicus; ab Everhardo Waffenbergio confcriptus. 1. *vol. in* 4°. *Gedani.* 1644.

Hiftoria Rerum Polonicarum ad Sigifmundum tertium Poloniæ Sueciæque Regem ufque deducta. *Salomon Neugebaver à Cadano.* 1. *vol. in* 4°. *Hanoviæ.* 1618.

De Scriptorum Poloniæ & Pruffiæ Hiftoricorum, Politicorum & Jurifconfultorum Typis Impefforum ac Manufcriptorum, &c. Catalogus & judicium. 1. *vol. in* 4°. *Coloniæ.* 1723.

Hiftoria Uladislai Poloniæ & Sueciæ Principis, ejus natales & infantiam, Electionem in Magnum Mofcoviæ Ducem, Bella Mofcovitica, Turcica, cæterasque Res geftas continens uf-

que ad exceſſum Sigiſmundi III. Pol. Sueciæq͠
Regis. *Kobierzies.* 1. *vol. in* 4°. *Dantiſci.* 1655.

Caſimiri Zawadzki Caſtellani Culmenſis Hiſtoria Arcana , ſeu Annalium Polonicorum Libri VII. &c. 1. *vol. in* 4°. *Coſmopoli.* 1699.

Simon. Starovolſcy Deſcriptio Poloniæ Typographica. 1. *vol. in* 4°. *Titulus deeſt.*

Ordinum Regni Poloniæ , &c. De Electione Sereniſ. Principis Sigiſmundi III. Regis ad diverſos Principes Chriſtianos, Legationes , Epiſtolæ , reſponſa. 1. *vol. in* 4°. *Cracoviæ.* 1587.

Hiſtoire de la Sciſſion ou Diviſion arrivée en Pologne le 27. Juin 1697. au ſujet de l'Election d'un Roi. *La Bizardiere. Paris.* 1699. 1. *vol. in* 12.

Hiſtoire de la Guerre des Coſaques contre la Pologne , avec un Diſcours de leur Origine , Pays , Mœurs , Gouvernement & Religion , & un autre des Tartares Précopites , par *Pierre Chevalier , Conſeiller dn Roi en ſa Cour des Monnoyes.* 1. *vol. in* 12. *Paris.* 1663.

Rerum Polonicarum Tomi tres , quorum Primus omnium Poloniæ Regum , &c. Res Geſtas complectitur. II. Provinciarum Sarmatiæ Chorographicam Deſcriptionem continet. III. Res ſingulariter à Polonis in Valachiâ Geſtas , &c. *Alexand. Guagninus.* 1. *vol. in* 12. *Francofurti.* 1584.

Joh. Theodori Sprengeri Polonia Nov-Antiqua ex Antiquis & Noviſſimis Poloniæ Scriptoribus excerpta , & Moderno turbato Statui accommodata , &c. 1. *vol. in* 12. *Francofurti*. 1656.

Mémoires fur les dernieres Révolutions de la Pologne, où l'on juftifie le retour du Roi Augufte *par un Gentilhomme Polonois* ( *Prebendowski* ). 1. *vol. in* 12. *Rotterdam*. 1710.

Eclipfis Poloniæ Orbi Publico demonftrata Authore Candido Veronenfi 1. *vol. in* 4°. *anno* 1709.

Joachimi Paftorii de Hirtenberg, &c. Florus Polonicus, feu Polonicæ Hiftoriæ Epitome nova quintùm recognita, aucta, & ad noftri ufque temporis Bella, continuata. 1. *vol. in* 16. *Gedani & Francofurti*. 1679.

Joachimi Paftorii ab Hirtenberg de Originibus Sarmaticis Differtatio Philologica Pofthuma. 1. *vol. in* 12. *Dantifci*. 1685.

Commentarius Belli adversùm Turcas ad Viennam & in Hungariâ ann. 1683. Gefti Ductu & Aufpiciis Joannis. III. Regis Pol. *Kochouski. Cracoviæ*. 1684. 1. *vol. in* 4°.

Differtatio juris Publici Prutenici, de unionis quâ Poloniæ jungitur Pruffia, indole, &c. *Gedani*. 1727. relié avec *Joh. Demetrii Sulikovii Comment. Rer. Polon.*

Exercitatio de Antiquitatibus Scythicis ad Juftini Hiftorici Lib. 2. Cap. 2. Gafpar Sagittarius. *Jenæ*. 1682. relié avec *Simon. Starovolfcy Defcriptio Polon.*

Inſtrumentum Pacis inter Status Confœde-
ratos Regni Poloniæ , &c. interque Regium
Electoralemque Saxonicum Exercitum initæ à
Sereniſ. Rege Pol. Electoreque Sax. &c. &
Univerſâ Rep. in Comitis ann. 1717. Varſa-
viæ Confirmatæ. *Relié avec le Volume précé-
dent.*

Ingreſſus Illuſtriſſimi D. Stephani Czarniec-
ki Leopolim poſt Hungaros , Coſacoſque ,
&c. Cladibus affectos. Ann. 1657. *relié avec
les deux Vol. précédens.*

Lettre du Comte d'Oſtermann , Miniſtre du
Cabinet de Sa Majeſté ‚l'Impératrice de toutes
les Ruſſies , &c. au Grand Vizir , du 12. Avril
1736. touchant les Différens entre ces deux
Cours. *Relié avec les précedens.*

Expoſé fidéle de ce qui s'eſt paſſé à l'Election
du Roi de Pologne , tenuë entre Varſovie &
le Village de Wola, le 25. Août 1733. *Voyez*
Recueil. Tom. 2.

## Hiſtoire de Hongrie.

Scriptores Rerum Hungaricarum Veteres ac
Genuini , &c. curâ ac ſtudio *Joan - Georgii
Schwandtneri.* 2. *vol. in fol.* 1746.

Hiſtoire des Révolutions de Hongrie. *Ni-
clos.* 6. *vol. in* 12. *La Haye.* 1739.

§ II. *Hiſtoire Nouvelle*, ou *des Monarchies exiſtantes hors de l'Europe.*

## Hiſtoire de l'Orient, des Arabes, des Sarrazins & des Turcs.

Hiſtoire de l'Empire Otoman. *Le Prince Cantimir.* 4. *vol. in* 12. *Paris.* 1743.

Hiſtoire des Arabes. *Boulainvilliers.* 2. *vol. in* 12. *Amſterdam.* 1731.

Hiſtoire des Arabes ſous le Gouvernement des Califes. *Marigny.* 4. *vol. in* 12. *Paris.* 1750.

Scanderberg, Roi d'Albanie. 1. *vol. in* 12. *Paris.* 1709.

Breviarium Hiſtoriæ Turcicæ exhibens Vitas Imperatorum omnium, Prælia inter Chriſtianos & Turcas omnia, &c. quibus in fine addita Hiſtoria Obſidionis Viennæ an. 1683. *Dan. Hartnaccius.* 1. *vol. in* 4°. *Amburgi & Holmiæ.* 1684.

Guerres des Turcs avec la Pologne, la Moſcovie & la Hongrie *LaCroix, Secrétaire de l'Ambaſſade de France à la Porte.* 1. petit. *vol. in* 12. *La Haye.* 1689.

Le Miroir Otoman, avec un ſuccint récit de tout ce qui s'eſt paſſé de plus conſidérable pendant la Guerre des Turcs en Pologne juſqu'en 1676. par *M. le C. de la Magdeleine* 1. *vol. in* 12. *Baſle.* 1677.

# Hiſtoire de l'Aſie.

Hiſtoire des Indes Orientales Anciennes & Modernes. *Guyon.* 3. *vol. in* 12. *Paris.* 1744.

Hiſtoire du Japon. *Charlevoix.* Nouv. Edit. 6. *vol. in* 12. *Paris.* 1754.

# Hiſtoire de l'Affrique.

Heliodori Æthiopicorum. *Bourdelotius* 1. *vol. in* 12. *Paris.* 1619.

Hiſtoire Ancienne des Epyptiens, des Carthaginois, des Aſſyriens, des Babiloniens, &c. par *M. Rollin.* 14. *vol. in* 12. *Paris.* 1731. Le dernier volume de 1738.

# Hiſtoire de l'Amérique, ou Indes Occidentales.

Hiſtoire de la Conquête du Mexique, ou de la Nouvelle Eſpagne, par *Fernand Cortez,* *traduite de l'Eſpagnol de D. Antoine de Solis,* par *l'Auteur du Triumvirat.* v$^e$. Edit. 2. *vol. in* 12. *Paris.* 1730.

Hiſtoire de la Virginie, *traduite de l'Anglois,* enrichie de Figures. *Amſterdam.* 1707.

Hiſtoire de la Jamaïque, *trad. de l'Anglois.* 2. *vol. in* 12. *Londres.* 1751.

## Hiſtoire Généalogique & Héraldique.

Jac. Guill. Imhoff. Genealogiæ xx. Illuſtrium in Italiâ Familiarum. 1. *vol. in fol. Amſtelodami.* 1710.

Ejuſdem Notitia Genealogica Procerum Sacri Imperii Romani. 1. *vol. in fol. Stutgardiæ.* 1699.

Europa in Sereniſſimâ Leſcziniorum Domo Sanguine & Affinitate per Orientis & Occidentis Imperatores, &c. incluſa per Equitem Polonum.*Francofurti.*Vide *Remarques d'un Seigneur Polonois ſur l'Hiſt. de Charles XII.* Ces deux Ouvrages ſont reliés enſemble 1. *vol. in* 12.

Conſidérations hiſtoriques ſur la Généalogie de la Maiſon de Lorraine, par *Louis Chantereau Le Febvre.* 1. *vol. in fol. Paris.* 1642.

Hiſtoire généalogique de la Maiſon Du Châtelet. *D. Calmet,* 1. *vol. in fol.* 1741.

Armorial général , ou Régîtres de la Nobleſſe de France. 7. *vol. in fol. Paris.* 1738.

Tabulæ Jablonovianæ exArboribus Genealogicis Familiarum Slavicarum Regni Poloniæ, necnon Extranearum ab iis prognatarum , &c. collectæ , &c. 1. *vol. in fol. maj. Nurimb.* 1748.

# ANTIQUITE'S..

## I. *Usages des Anciens. Monumens. Inscriptions.*

ANtiquitates Conviviales , & de Sacrificiis Gentilium. *Stuckius.* 1. *vol. in fol. Leyde.* 1695.

De Sacrificiis Veterum. *Saubert.* 1. *vol. in* 8°. *Leyde.* 1699.

De Oraculis Veterum. *Van-Dale.* 1. *vol. in* 4°. *Amsterdam.* 1700.

Réponse à l'Histoire des Oracles de Fontenelle. *Baltus.* 1. *vol. in* 8°. *Strasbourg.* 1707.

Suite de la Réponse à l'Histoire des Oracles. 1. *vol. in* 8°. 1708.

Coronæ Caroli Paschalii. 1. *vol. in* 8°. *Leyde.* 1671.

Ciaconius de Triclinio. 1. *vol. in* 16. *Amstel.* 1664.

Balduinus de Calceo , & Migronius de Caligâ Veterum. 1. *vol. in* 16. 1667.

Kirchmannus de Annulis. 1. *vol. in* 16. *Leyde.* 1672.

Bulingerus de Theatro. 1. *vol. in* 12. *Tricasibus.* 1603.

Animadverſa & de Comâ *Hadriani Junii.*
ɪ. *vol. in* 8°. *Rotterdam.* 1708.

Eſſai ſur les Hyerogliphes des Egyptiens.
*Warburthon.* 2. *vol. in* 12. *Paris.* 1744.

Diſſertations de Le Bœuf. 1. *vol. in* 12. *Pa-*
*ris.* 1739.

Diſſertations ſur les Anciens Monumens de
la Ville de Bordeaux. *Venuti, Bordeaux.* 1754.
ɪ. *vol, in* 4°.

Recueil d'Antiquités Egyptiennes, Etruſques,
Grecques & Romaines. *Le Comte de Caylus.* 1.
*vol. in* 4°. *Paris.* 1752.

Recueil des Sculptures Antiques Grecques
& Romaines. 1. *vol. in* 4°. 1754.

Cabinet de la Bibliothêque de S.te. Gene-
viéve, contenant les Antiquités de la Religion
des Chrétiens, des Egyptiens & des Romains,
des Tombeaux, des Poids & des Médailles,
par le *P. Claude Du Molinet* 1. *vol. in fol. Paris.*
1692.

Catalogo degli Antichi Monumenti Diſſor-
terrati dalla diſcoperta Città di Ercolano per
ordine della Maëſta Di Carlo, Re delle due
Sicilie & di Gieruſalemme, Infante di Spagna,
&c. 1. *vol. in fol. in Napoli.* 1754. *Nella Regia*
*Stamperia di S. M.*

## II. *Médailles & Monnoyes Anciennes.*

Hiſtoire Métallique des Pays-Bas. *Van-Loon.*
5. *vol. in fol. La Haye.* 1732.

Numismata Ærea Imperatorum , Augusta-
rum & Cæsarum. *Vaillant.* 1. *vol. in fol. Paris.*
1695.

Nummi Antiqui Familiarum Romanarum.
*Vaillant.* 3. *vol. in fol. Amstelodami.* 1703.

Historia Ptolemæorum , Ægypti Regum ad
fidem Numismatum , &c. *Vaillant.* 1. *vol. in
fol. Amstelod.* 1701.

Seleucidarum Historiæ ad fidem Numisma-
tum accommodatæ. *Vaillant.* 1. *vol. in fol. La
Haye.* 1732.

Arsacidarum Imperium , sivè Regum Par-
thorum Historia. *Vaillant.* 2. *vol. in* 4°. *Paris.*
1725.

Selectiora Numismata Musæi Decamps. *Vail-
lant.* 1. *vol. in* 4°. *Paris.* 1695.

Les Césars de Julien , avec plus de 300. Mé-
dailles & autres anciens Monumens gravés par
*Picart-le-Romain. Spanheim.* 1. *vol. in* 4°. *Amf-
terdam.* 1728.

Médailles du Regne de Louis le Grand. 1. *vol.
in fol. Paris. Imp. Roy.* 1723.

Numismata Cimelii Cæsarei Regii Austriaci,
Vindobonensis , &c. Jussu Mariæ Theresiæ,
&c. *Grand in fol. Vindobonæ.* 1754.

Dissertatio de Nummis non cusis. *Sperling.*
1. *vol. in* 4°. *Amstelodami.* 1700.

Stemmata Lotharingiæ & Barri Ducum. *De
Rozieres.* 1. *vol. in fol. Parif.* 1580.

Iconologie , ou Science des Emblêmes. 2. *vol.
in* 12. *Amsterdam.* 1698.

Joach. Camerarii Symbolorum ac Emblema-
tum Ethico-Politicorum Centuriæ quatuor, &c.
Opus 400. Figuris æneis totaliter novis ador-
natum. 2. *vol. in* 12. *Moguntiæ.* 1697.

Eftampe Iconologique en forme de Mé-
daille, dont le Type repréfente le défintéref-
fement, inventée & compofée par *Depalmeus
pere & fils*, deffinée & gravée par *J. J. Paf-
quier*, avec la Defcription de cette Eftampe &
des Notes hiftoriques fur Lycurge & fur Sci-
pion. Dédiée au Roi. *Paris.* 1749. Voy. *Re-
cueil.* tom. 1.

# HISTOIRE LITTERAIRE

## ACADEMIQUE ET BIBLIOGRAPHIQUE.

Bibliothêque Françoife. *Goujet.* 12. *vol. in*
12. *Paris.* 1741.

Mémoires Hiftoriques, Littéraires, &c. *La
Houffaye.* 3. *vol. in* 12. *Amfterdam.* 1737.

Anecdotes Littéraires. 2. *vol. in* 12. *Paris.*
1750.

Mémoires Littéraires, *traduits de l'Anglois.*
1. *vol. in* 8°. *Paris.* 1750.

Mémoires d'Hiftoire, de Critique & de Lit-
térature. *D'Artigny.* 5. *vol. in* 12. *Paris.* 1752.

Auteurs déguifés. 1. *vol. in* 12. *Paris.* 1690.

Hiftoire Littéraire de la France. *Benedict.* 9.
*vol. in* 4°. *Paris.* 1733. Nou-

Nouvelle Bibliothêque choifie, où l'on fait connoître les bons Livres en divers genres de Littérature, & l'ufage qu'on en doit faire, par *Rich. Simon.* 2. *vol. in* 12. *Amfterdam.* 1714.

Apparatus de Scriptoribus Hiftoriam Sæculi XVII. illuftrantibus. *Gryphius.* 1. *vol. in* 12. *Lipfiæ.* 1710.

Effai fur les Honneurs & fur les Monumens accordés aux Illuftres Savans. *Titon du Tillet.* 1. *vol. in* 12. *Paris.* 1734.

Mémoires Littéraires. 1. *vol. in* 12. *Paris.* 1750.

Les Journaux des Savans, depuis leur commencement en 1665. jufqu'en 1755. incluſivement. 84. *vol. in* 4°.

Table du Journal des Savans. 5. *vol. in* 4°. *Paris.*

Mercures de France des années 1738. 1746. 1747. 1748. 1749. 1750. 1751. 1752. 1753. 1754. 1755. 82. *vol. in* 12.

Journaux de Trevoux, depuis leur commencement en Janvier 1701. jufqu'en 1755. incluſivement. 237. *vol.*

La Vie de l'Abbé de Choiſy, de l'Académie Françoiſe. 1. *vol. in* 8°. *Laufanne.* 1748.

Vie & Bons Mots de Santeuil, avec le Mêlange de Littérature à M${}^r$. de Santeuil fur fes Ouvrages. 2. *vol. in* 12. *Cologne.* 1740.

Hiftoire de l'Imprimerie & de la Librairie jufqu'en 1689. 1. *vol. in* 4°. *Paris.* 1689.

G

L'Origine de l'Imprimerie de Paris. *Chevil-lier*. 1. *vol. in* 4°. *Paris.* 1694.

Etat des Sciences en France depuis la mort de Charlemagne, jusqu'à celle du Roi Robert. *Goujet.* 1. *vol. in* 12. Voy. *Les quatre Facardins.*

Histoire de l'Académie Françoise. *Pelisson & D'Olivet.* 2. *vol. in* 12. *Paris.* 1730.

Histoire de l'Académie Françoise. *D'Olivet.* 1. *vol. in* 12. *Amsterdam.* 1730.

Histoire de l'Académie Royale des Inscriptions & Belles-Lettres. 27. *vol. in* 12. *Amsterdam.*

Histoire de l'Académie Royale des Sciences & Belles-Lettres de Berlin, avec les Mémoires, &c. 8. *vol. in* 4°. 1749.

Eloges des Académiciens de l'Académie Royale des Sciences. *Fontenelle.* 2. *vol. in* 12. *La Haye.* 1731.

Recueil des Piéces de l'Académie de la Rochelle. 1. *vol. in* 8°. *Paris.* 1747.

Mêlanges de Poësie & de Littérature de l'Académie de Montauban. 1. *vol. in* 8°. 1750.

Mémoires de l'Académie des Belles Lettres de Caën. 1. *vol. in* 12. 1754.

Bibliotheca Coisliniana Manuscriptorum Græcorum. *Montfaucon.* 1. *vol. in fol. Paris.* 1715

Bibliotheca Sarraziana. 1. *vol. in* 12. *La Hay*

Bibliotheca Buttelliana. 2. *vol. in* 12. *Pari* 1711.

Bibliotheca Colbertina. 3. *vol. in* 12. *Paris.* 1728.

Bibliotheca Vilenbroukiana. 3. *vol. in* 8°. *Amstelodami.* 1729.

Catalogus Historico-Criticus Librorum rariorum. 1. *vol. in* 8° .*Hamburgi.* 1747.

Bibliothêque de M^r. de Moucy. 1. *vol. in* 8°. *Paris.* 1753.

Bibli othêq ue de M^r. Le-Blanc. 1. *vol. in* 8°. *Paris.* 1729.

Bibliothêque de Ferrary. 1. *vol. in* 8°.

Bibliothêque de Ramboulet. 1. *vol in* 8°. *La Haye.* 1751.

Catalogue des Livres de Feû M^r. de Ribé. 1. *vol. in* 12. *Paris.* 1752.

Bibliotheca Duboisiana. 2. *vol. in* 8°. *La Haye.* 1725.

Catalogus Librorum Bibliothecæ Baronis de Craffier, Epifcopi & Principis Leodienfis. 1. *vol. in* 8°. *Leodii.* 1754.

Bibliotheca Martiniana. 1. *vol. in* 8°. *La Haye.* 1752.

Dan. Georgii Morhofii Polyhiftor Literarius, Philofophicus & Practicus cum acceffionibus Virorum Clariffimorum Joann. Frickii & Joan. Molleri Edit. tertia. Cui Præfationem Notitiamque Diariorum Litterariorum Europæ præmifit Jo. Albertus Fabricius. *Lubeca.* 1732. 1. *vol. in* 4°.

Difcours prononcés à la premiere Affemblée

de la Société Littéraire de Nancy. 1. *vol. in* 4°. 1751.

Mémoires de la Société Royale des Sciences & Belles-Lettres de Nancy. 3. *vol. in* 12. *Nancy.* 1754.

Adunanza tenuta Dagli Arcadi in occafione D'inna'zarfi in Arcadia il Ritratto Della Sacra Real Maëfta Di S T A N I S L A O. I. Re di Polonia, Duca di Lorena, di Bar, &c. Fra Gli arcadi acclamati *Eutimio Alifireo. In Roma* 1753. Voy. *Recueil.* tom. 2.

Mémoire pour Pierre-François Guyot des Fontaines, Prêtre du Diocèfe de Roüen, contre Pierre - Mathias Gourné, Prieur-Commendataire de Taverny. *Voyez* Recueil. tom. 2.

Divers Mémoires & Plaidoyer pour le S$^r$. Travenol fils, de l'Académie Royale de Mufique, Deffendeur & Demandeur contre le S$^r$. de Voltaire, de l'Académie Françoife. 1. *vol. in* 4. 1746.

Mêlanges d'Hiftoire & de Littérature. *Vigneul-Marville ( Noël d'Argonne ).* 3. *vol. in* 12. *Paris.* 1713.

# VIES DES HOMMES ILLUSTRES.

LEs Vies des Hommes Illuftres de Plutarque. *Dacier.* 10. *vol. in* 12. *Amfterdam.* 1734.

Mémoires pour fervir à l'Hiftoire des Hom-
mes Illuftres dans la République des Lettres. *Ni-
ceron.* 43. *vol. in* 12. *Paris* 1729.

Diogenes Laërtius, de Vitâ Philofophorum.
*Cafaubon.* 2. *vol. in* 12.

Diogenis Laërtii, de Vitis Philofophorum.
*Meibomius.* 2. *vol. in* 4°. *Amfterdam.* 1698.

Hiftoire de Ciceron. *Prevoft.* 4. *vol. in* 12.
*Paris.* 1743.

Hiftoire de Ciceron avec des Remarques
Hiftoriques & Critiques. *Morabin.* 3. *vol. in* 4°.
*Paris* 1745.

Abrégé des Vies des plus anciens Philofophes.
*Fénelon.* 1. *vol. in* 12. *Paris.* 1726.

Ovidii Nafonis Vita. *Maffon.* 1. *vol. in* 12.
*Amftelod.* 1708.

Hiftoire du Vicomte de Turenne. *Ramfai.*
2. *vol. in* 4°. *Paris.* 1735.

Mémoires fur la Vie de Racine. 2. *vol. in* 12.
*Laufanne.* 1747.

Les Images des Héros de l'Antiquité, gra-
vées par *Picart-le-Romain.* 1. *vol. in* 4°. *Amf-
terdam.* 1731.

# DICTIONNAIRES HISTORIQUES.

Dictionnarium Hiftoricum, Geographicum,
Poëticum. 1. *vol. in fol. Londini.* 1686.
Dictionnaire Hiftorique de Moréry. 10. *vol.
in fol. Paris.* 1732.

Dictionnaire Historique & Critique par *Pierre Bayle*. 4. *vol. in fol. Amsterdam.* 1740.

Nouveau Dictionnaire Historique & Critique pour servir de supplément ou de continuation au Dictionnaire Historique & Critiqu. de Mᵉ. Pierre Bayle, par *Jacq. George de Chauf. pié.* 2. *vol. in fol. Amsterdam.* 1750.

Dictionnaire Historique portatif, contenant l'Histoire des Patriarches, des Princes Hébreux, des Empereurs, des Rois, &c. par *M. l'Abbé Ladvocat.* 2. *vol. in 8°. Paris.* 1752.

Dictionnaire Universel Historique, Chronologique, &c. des Maréchaussées de France, contenant l'Histoire des Connétables & Maréchaux de France, &c. 1. *vol. in 4°. Paris 1748. avec un Supplément in 4°. qui contient la Table des Matieres.*

www.ingramcontent.com/pod-product-compliance
Lightning Source LLC
Chambersburg PA
CBHW071506200326

41519CB00019B/5886